KB107993

레시피를 팝니다

당신이 알고 싶은 앞으로의 푸드 비즈니스

레시피를 팝니다

이송희 지음

RECIPE

PREP TIME _____ COOK TIME _____

SERVING _____ DATE _____

DIRECTIONS

INGREDIENTS

원테이블 레스토랑 인뉴욕
이탈리안 레스토랑 그랑씨엘
브런치 카페 마이쏭
쿠킹박스 배송 서비스 프렙

버튼북스

어려서 먹은 엄마의 음식 맛을 잊을 수 없다.
지금도 엄마의 음식은 언제나 나의 소울 푸드다.

셰프가 된 나는
원테이블 레스토랑 인뉴욕을,
노란색 외관과 높은 층고의 이탈리안 레스토랑 그랑씨엘을,
캐주얼 브런치 카페 마이쏭을 차례로 열었다.

It's all about romantic dining.

in NewYork
one table restaurant

나는 엄마로부터 요리를,
아버지로부터 사업을 보고 배웠다.

나의 레시피로 사람들이 어렵게만 생각했던 요리를
쉽고 간단하고 근사하게 만들 수 있기를 바란다.

©in NewYork

©Grandciel

그리고 그 음식을
친구와 가족, 사랑하는 사람과 함께 나누며
소중한 시간을 갖기를 소망한다.

CONTENTS

PART 1

PREP하다

PART 2

COOK하다

PART 3

EAT하다

쏭셰프가 알려주는
푸드 비즈니스의 세계

나는 곧잘 말하곤 한다. 엄마에게 요리하는 법을 배웠고 아버지에게 사업하는 법을 배웠다고. 남들은 쉽게 겪지 못했을 어릴 때부터의 경험은 나를 자연스럽게 셰프의 길로, 사업의 길로 이끌었다.

그래서 생겨난 원테이블 레스토랑 인뉴욕, 노란색 외관이 인상적인 이탈리안 레스토랑 그랑씨엘, 이름마저 사랑스러운 브런치 카페 마이쏭은 이송희를 '쏭셰프'로 알려지게 한 고마운 곳들이다. 이곳에서 오랜 시간 동안 여러 종류의 음식을 만들었고 많은 사람들을 만났으며 잊을 수 없는 추억들을 쌓았다.
레스토랑을 운영하면서 파티, 쿠킹 클래스, 케이터링 등 사람들과 접할 수 있는 많은 이벤트를 기획했다. 사람들은 요리 강좌를 할 때마다 "이렇게 딱 준비가 되어 있으면 나도 집에서 할 수 있을 것 같은데, 팔면 안돼요?"라는 말을 많이 했다.

사랑하는 사람을 위해 음식을 만드는 일은 언제나 기쁨이고 행복이다. 혼자 밥 먹고 생활하는 사람이 점점 늘어나고 집에서 직접 요리하는 사람은 점점 줄어들고 있지만, 그럼에도 불구하고 동그랗고 작은 테이블에 앉아 함께 만든 음식을 나눠 먹는 즐거움을 우리는 절대 포기할 수 없다. 그래서 나는 새로운 일을 계획했고 실행했다.

집으로 셰프의 레시피와 식재료가 배달되는 프렙은 오랫동안 내가 꿈꿔오던 세상을 향한 도전이다. 누군가에게는 아주 새로운 사업이라고 여겨지지 않을지도 모르지만, 프렙은 요리하는 즐거움을, 쉽게 만들어 근사하게 즐길 수 있는 음식을 셰프가 제공하는 유용한 서비스임을 자신한다. 프렙이 전하는 레시피는 분명 주방의 가치를 새롭게 알려주는 계기가 될 것이며, 평범한 일상에서 새로운 행복을 건져 올리는 선물이 될 것이다.

이번 책은 지금까지 낸 몇 권의 책과는 다르다. 에세이도 요리책도 아니다. 오너 셰프이면서 작은 회사를 경영하는 내게 사람들이 궁금해하는 것들을 담으려고 했다. 특히 음식과 관련된 사업을 계획하는 사람들에게 실질적인 도움이 되었으면 한다.

결국 요리하는 즐거움을 경험하게 만드는 것이 내 일의 목표다. 앞으로의 푸드 비즈니스가 더 많은 사람들에게 부엌에 머무르는 기쁨을 알게 했으면 좋겠다.

PART

1

PREP하다

요리를 준비하는 마음은
사랑하는 사람들과 보낼 시간을
기다리는 설렘이고 기쁨이다.
재료를 다듬는 손길에 정성이 들어가는 것도
그런 마음이 깃들어 있기 때문이고,
정성이 들어간 요리는 그 정성 이상으로 맛있다.

사업도 요리와 같다.
진심과 기쁨, 그리고 상대를 만족시키고 싶은
열정이 갖춰져야 한다.

PREP: '준비'를 의미하는 영어 'preparation'의 줄임말인 'prep'은 실제 레스토랑에서 사용되는 용어다.
"프렙(prep)하자"라고 하면 손님들이 오기 전, 요리를 하기 위한 1차 준비를 하자는 의미로 사용된다.

더 이상
요리하지
않는 사람들
:

'맛'에 대한 욕구는 인간의 기본적인 본능이다.

같은 값이면 더 좋은 음식, 더 맛있는 요리를 먹고 싶어 한다.

사람들의 이런 욕구와 갈망은 앞으로 더욱 커질 것이며,

인간이 존재하는 한 푸드 비즈니스 시장에서

당신이 성공할 수 있는 기회는 어딘가에 항상 있다.

"요리하는 것을 좋아하나요?"

바로 "네"라는 답이 나오지 않는다면 질문을 바꿔보자.

"먹는 것을 좋아하나요?"

요리하는 것을 좋아하지는 않아도 먹는 것을 싫어하는 사람은 드물다. 그리고 이왕이면 맛있는 것을 먹고 싶어 한다. 입고(衣), 먹고(食), 사는(住) 생활의 기본 요소 중에서도 먹는다는 행위는 인간의 가장 본능적이고 기본적인 욕구이기 때문이다.

최근 몇 년간 방송은 〈수요미식회〉, 〈냉장고를 부탁해〉, 〈오늘 뭐 먹지〉 같은 요리 프로그램을 비롯해 〈한식대첩〉, 〈마스터 셰프 코리아〉 같은 요리 경연 프로그램 등을 쏟아내며 스타 셰프까지 양산하고 있다. 게다가 최근에는 〈백종원의 푸드트럭〉, 〈윤식당〉처럼 요식업 창업과 관련된 방송까지 관심을 끌고 있다.

음식에 대한 관심이 갑자기 폭발한 것일까? 그건 아닐 것이다. 음식은 항상 사람들의 관심의 대상이었다. 1991년부터 방송하며 전국 각지의 먹거리를 소개하는 KBS 〈6시 내 고향〉이 오랜 세월 장수하며 지금까지 높은 시청률을 자랑하고 있는 것만 봐도 알 수 있다. 맛있는 음식을 소개하고 맛있게 먹는 장면은 늘 사람들의 시선을 브라운관에 고정시켰다.

음식은 경험에 의한 감각의 재현이다. 사람들은 누군가 맛있게 먹는 모습을 보면 '파블로프의 개'처럼 입에 침이 고이고 식욕을 자극

받는다. 시각은 기억으로 가 닿아 과거에 먹었던 맛과 느낌을 살려내며 '먹고 싶다'는 충동을 일으킨다. 그것은 어릴 때부터 먹었던 평범한 집밥일 수도 있고, 여행에서 우연히 접했던 특별한 별미일 수도 있으며, 사랑하는 사람과 함께했던 레스토랑의 근사한 한 끼였을 수도 있다.

캐비어를 먹어보지 못한 사람은 캐비어의 맛을 알지 못한다. 캐비어가 아무리 세계 3대 진미라고 설명해도 맛을 알지 못하기 때문에 호기심은 불러일으킬 수 있어도 공감까지 이끌어내기는 어렵다. 우리가 반응하는 것은 이미 먹어본 음식, 혹은 먹어본 음식이 변형된 맛들이다. 이처럼 음식에는 한 사람의 과거와 경험이 축적된 인생이 담겨 있는 것이다.

사회가 변하면서 사람들의 음식에 대한 욕구는 커지고 다변화되었지만, 사람들이 여전히 집밥을 그리워하는 이유도 이러한 연유에서일 것이다. 어릴 때부터 엄마가 차려주는 밥상이 세상에서 가장 '등따시고 배부른' 한 끼였을 것이기 때문이다.

2014년 tvN에서 방영을 시작해 지금도 새로운 시즌이 시작되기만 하면 여전히 이슈가 되는 리얼 버라이어티 프로그램 〈삼시세끼〉의 꾸준한 인기만 봐도 알 수 있다. 아무것도 아닌 계란말이 하나에 사람들은 침을 삼키고, 언제든 먹을 수 있는 된장찌개를 보며 사람들은 입맛을 다신다. 지금은 좀처럼 즐길 수 없는 익숙하고 편안한 집밥에 대한 그리움과 익숙한 맛에 대한 기억이 영상을 통해 자극을 받는 것이다.

그렇다고 해도 사람들은 더는 요리하지 않는다. 비록 방송을 보며 밤 10시에도 '치맥'을 시키기 위해 전화기를 들고, 갑자기 찾아온 식욕의 충동에 라면을 끓이기 위해 가스레인지를 켜고 물을 올리지만, 직접 주방에 서서 도마와 칼을 꺼내 들기 주저한다.

여기에는 사회의 구조적인 요인이 크다. 공부만 하다 대학에 들어가서 취업을 하는 지금 세대들은 부엌에서 칼을 잡아볼 기회가 거의 없다. 대학에서는 취업 준비를 하느라 바쁘다. 부모도 자녀들에게 요리를 강요하지 않는다. 결혼을 해도 맞벌이 때문에 요리를 할 엄두를 내지 못한다. 그렇다 보니 점차 부엌과 멀어지게 되고, 요리는 점점 낯설고 어려운 일이 되어가고 있다.

익숙하지 않은 것에 대해서는 누구나 불편함을 느낀다. 습관도 되어 있지 않고, 자신감도 없기 때문이다. 결론적으로 스피디하게 흘러가는 바쁜 일상 속에서 현대인들은 요리를 할 시간도, 체력도 남아 있지 않다. 장을 보고, 재료를 다듬고, 요리를 하고, 설거지를 하는 일이 부담스러운 것이다.

힘들여 장을 봐도 절반 이상의 재료가 냉장고에서 시간을 보내다 결국 쓰레기봉투에 담겨져 버려지기 일쑤이다. 이런 반복된 경험에 의해 보다 간편하고, 합리적으로 소비하고 생활하기를 바라는 사람들의 욕구는 점점 커지고 있다. 그래서 등장한 것이 바로 가정간편식, 'HMR(Home Meal Replacement)'이다.

HMR 시장은 최근 몇 년 사이 놀랄 만한 성장을 이루었다. 2011년 8,000억 원에 불과했던 가정간편식 시장은 2016년 2조 3,000억 원으로 5년 만에 두 배 이상 성장했고, 2017년에는 3조 원을 돌파했다. HMR 시장은 이마트·롯데마트·홈플러스 대형 3사가 주도했다. 각각 피코크·요리하다·싱글즈프라이드라는 간편식 PB 브랜드를 내놓으며 사람들의 식생활을 장악해가고 있다. 여기에 CU·GS25·세븐일레븐의 편의점 3사가 각각 헤이루·유어스·7셀렉트라는 PB 브랜드를 출시하며 도시락으로 간편식 시장에 뛰어들었고, 2017년 11월에는 현대백화점이 프리미엄 간편식 브랜드 원테이블(1TABLE)을 론칭하며 간편식 시장에 가세했다.

시대가 변하고 문화도 따라 바뀌지만, 먹는 것에 대한 사람의 관심과 집착은 결코 줄어들지 않는다. 기호는 다양해지고, 입맛은 고급화되고 있다. 그에 따라 요리 서비스도 계속해서 발전하고 있다. 앞으로 HMR 시장이 자동차 시장보다 훨씬 더 커질 것이라는 전망도 나오고 있다. 포화 상태라고는 하지만, 여전히 푸드 비즈니스 업계에서 성공할 수 있는 기회는 존재한다는 의미다.

이런 시장의 조건 때문에 은퇴를 준비하거나 창업을 꿈꾸는 사람들은 쉽게 '나도 식당 한번 해볼까?'라는 생각을 하게 된다. 하지만 다른 사람보다는 요리를 좀 더 잘하고, 요리를 좀 더 맛있게 한다고 해서 막연하게 '식당 한번'을 시도했다가는 생각보다 쉽게 망하기 십상이다.

사람들은 내가 큰 어려움 없이 이 자리에 왔다고 생각하지만, 10년이 넘게 레스토랑 운영을 하면서 한번도 쉬운 적은 없었으며, 지금도 여전히 고군분투하고 있기 때문이다. 그렇기에 나는 오늘도 내 자신에게 묻는다.

"사람들은 같은 가격이라면 어떤 요리를 먹고 싶을까?"

맛있는 것을
나누는 경험
:

지금 '혼밥', '혼술'이 대세라고 하지만
혼자 밥 먹는 것을 즐기는 사람은 드물다.
사람들은 포근한 가정, 맛있는 밥, 그리고 이런 것들을 매개로
사람들과 친밀한 관계를 쌓기 원한다.
이런 사람들의 욕구에서 비롯된 것이 '밀 키트', '쿠킹박스'다.

탁탁탁탁!

부엌에서 엄마가 도마에 칼질을 하는 경쾌한 소리는 안정감을 준다. 아, 이제 곧 따뜻한 밥상이 차려지겠구나, 맛있는 밥을 먹을 수 있겠구나, 내심 기대가 된다.

보글보글!

잠시 후 부엌에서는 또 다른 소리와 함께 입맛 돋우는 냄새가 공기로 퍼지며, 오늘의 메뉴를 후각으로 전한다.

눈 쌓인 겨울 거리에서 성냥을 팔던 소녀는 깨금발을 하고 차가운 창 너머 따뜻하게 불을 지피고 가족들끼리 모여 식사하는 모습을 한없이 부러운 눈길로 바라본다. 성냥팔이 소녀의 동경은 우리 모두의 동경이기도 하다.

맛은 공유할 때 더 커진다. '콩 한 쪽도 나눠 먹는다'는 말처럼 음식은 혼자 먹을 때보다 같이 먹을 때 훨씬 더 맛있고, 가치 있다. 그것이 요리가 가진 의미이며, 누구나 공감하는 부분일 것이다. 모든 것이 간편화되고 기계적으로 흘러가는 세상이지만, 여전히 사람들은 누군가의 손길이 직접 닿은 차림에 감동하고, 기쁨을 느낀다.

그러나 맛의 완성이라고도 할 수 있는 정성을 들일 시간이 현대인에게는 턱없이 부족하다. 그렇다고 매끼마다 외식을 할 수도 없는 노릇이다. 맛도 맛이지만, 위생의 문제도 크다. 음식에 대한 크고 작은 사건은 쉬지 않고 뉴스에 오르내리고, 식당과 가공품에 대한 사람들의 불신은 커질 대로 커져 있다. 웬만큼 고급 식당이 아닌 이상 과연 내가 이용하는 식당을 믿어도 될지에 대한 불안은 항상 뒤따른다.

물을 붓거나 데우기만 하는 즉석식품도 마음이 편하지 않기는 마찬가지다. 편리하긴 하지만, 맛과 재료, 영양, 요리하지 않는다는 죄책감이 뒤섞인 감정으로 포장을 뜯는다. 이런 사람들의 심리에서 출발한 것이 바로 '밀 키트(Meal Kit)', '쿠킹박스(Cooking Box)', 혹은 '레시피박스(Recipe Box)'라고도 불리는 식자재 배송업이다. 무엇을 먹을지에 대한 고민을 해결하고, 장을 보는 수고를 덜어주며, 전문 셰프의 맛은 전하면서, 요리하는 즐거움까지 느끼게 할 수 있는 박스를 집 앞까지 전달하는 것이다. 요리를 못 해도 실패할 확률이 거의 없고, 신선한 식자재를 눈으로 볼 수 있어 영양을 걱정할 필요도 없다.

이런 밀 키트 사업은 2012년 미국 뉴욕에서 가장 먼저 시작되었다. 스타트업 업체 블루 에이프런(Blue Apron)은 대중교통으로 출퇴근하며 귀갓길에 장보기가 여의치 않은 뉴욕의 직장인을 타깃으로 삼아 크게 성공했다. 2017년 3분기 블루 에이프런의 이용객은 85만 6,000명에 달할 정도로 성장했으며, 기업 가치는 20조 원까지 치솟았다.

박스의 구성 내용은 간단하다. 소비자가 고른 메뉴를 요리할 수 있는 식재료와 레시피를 함께 전달한다. 소비자들은 간단한 재료 손질만으로, 맛에 대한 걱정 없이 요리를 '직접' 할 수 있다. 재료를 손봐서 레시피대로 요리하면 고급 식당에서 나오는 셰프의 맛을 기대할 수 있다. 요리 후 남는 것은 재료를 포장한 비닐봉지 몇 장뿐이다. 밀 키트는 장기 보관이 가능한 레토르트 식품과는 확연히 다르다. 분량의 재료를 직접 손질해야 하기 때문에 신선하며 위생도 걱정이 없는 집밥과 전혀 다름없다. 이러한 장점 때문에 밀 키트는 사용해보지 않은 사람은 있어도 한 번만 사용하는 사람은 없다. 그만큼 충성도가 높다는 의미다.

'혼밥', '혼술'이 대세라고 하지만, 나는 이 말에 찬성하지 않는다. 고성장 시대를 지나 저성장 시대로 접어들면서 생겨난 경제적 문제나 가치관의 변화 등 여러 가지 이유로 혼자서 밥을 먹는 사람이 늘고 있지만, 이는 식문화가 변하며 생기는 자연스러운 현상이다.

배가 고플 때 같이 먹을 수 있는 사람이 있으면 좋고, 여건이 허락하지 않으면 혼자 먹을 수도 있다. 유난히 어울려 먹기 좋아하고 혼자 먹는 것에 익숙하지 않은 우리나라 사람들의 눈에 혼자 밥을 먹는 현상이 이상하게 보일 뿐, 젊은 세대들에게는 자연스러운 일이다. 하지만 이와 같은 하나의 문화는 인간의 욕구가 변화했다기보다는 여러 가지 사회적 여건으로 인한 개인적 선택으로 봐야 한다.

'친구가 되려면 아밀라아제를 섞어야 한다.'

찌개 냄비에 밥 먹던 숟가락을 넣어도 전혀 어색하지 않은 것이 친구다. 이처럼 사람은 함께 밥을 먹고, 술잔을 기울이며 우정을 쌓는다. 우리가 "밥 한 끼 같이하자"고 하는 것은 그 사람과 친해지고 싶다는 의미이며, 너와 함께하고 싶다는 표시다. 사람은 본능적으로 소속감을 가지고 싶어 하고, 그게 사람이 살아가는 방식이다.

혼자서 밥을 먹는 것을 좋아하는 사람은 없다. 대부분의 사람은 함께 어울려서 밥을 먹고, 대화하고, 같이 즐기기를 원한다. 미국이나 유럽 등 선진국도 마찬가지다. 일하다 바쁘고, 시간이 맞지 않으면 혼자서 밥을 먹기도 하지만, 시간이 맞으면 샌드위치 하나라도 계단에 걸터앉아 같이 대화하며 먹는다. 젊을 때 혼자인 사람도 계속 혼자일 수는 없다. 언젠가는 가정을 꾸릴 것이고, 사랑하는 사람을 위해 요리할 것이다. 19세기 미국의 의학자이자 문학가였던 올리버 웬델 홈스는 말했다.

"발은 떠나도 마음은 떠나지 않는 곳이 집이다."

성냥팔이 소녀가 동경했던 포근한 집에는 따뜻한 음식이 필수적으로 따른다. 그런 환상을 채우기 위해 사람들에게 제공할 수 있는 요리의 기준은 무엇이어야 할까? 창업을 준비 중이라면 가장 먼저 생각해 봐야 할 문제다.

셰프에 대한
환상에서
벗어나라
:

셰프는 TV에서 접하는 것처럼 멋진 직업이 아니다.

최악의 3D 직종이자 서비스업이다.

게다가 치열한 경쟁에서 살아남으려면

재능도 있어야 하고, 끈기도 있어야 하며,

무엇보다 비즈니스 마인드를 지니고 있어야 한다.

"하지 마십시오."

인터뷰를 하게 되면 "창업하려는 사람에게 한 말씀만 해주세요"라는 질문을 반드시 받는다. 그럴 때마다 나는 '하지 말라'고 대답한다.

요리의 정의를 어디에 두느냐에 따라 달라지겠지만, 요리는 누구나 할 수 있다. 심지어 초등학생만 되어도 햄을 굽거나 달걀프라이 같은 요리는 얼마든지 할 수 있다. 그렇다 보니 조금만 요리를 잘하거나 음식이 맛있으면 주변에서 "식당 한번 해봐"라거나 "반찬 가게 하면 잘되겠다"는 말을 종종 듣는다. 주변의 권유가 아니라도 특별한 기술이 필요 없다고 생각하기 때문에 식당이나 레스토랑은 일반인들이 쉽게 접근하는 창업 아이템이기도 하다. 하지만 집에서 가족이나 친구들을 대상으로 요리하는 것과 식당을 운영하는 데는 분명한 차이가 있다.

아무리 가정에서 요리를 잘해도 요식업계에서는 초보이자 아마추어다. 프로가 되기 위해서는 많은 경험과 노력이 뒤따라야 한다. 요리를 어떻게 차려낼 것인지에 대한 플레이팅(plating)은 물론, 셰프라면 첫술을 떴을 때의 맛과 숟가락을 내려놓을 때의 끝맛까지 철저하게 따져야 한다. 가령 내 기준에서는 리소토를 만들 때 처음에는 약간 묽어야 한다. 그래야 끝까지 자작하게 먹을 수 있기 때문이다. 처음에 딱 먹기 좋게 내면 마지막에는 뻑뻑해서 먹기가 힘들고, 그러면 음식을 남기게 된다. 이렇게 맛을 끝까지 유지하지 못하면 그 식당은 맛집이란 명성을 얻기 힘들다.

유명한 레스토랑의 셰프가 독립해서 레스토랑을 오픈해도 망하는 경우는 부지기수다. 이런 경우에는 이유가 분명하다. 투자 대비 수익이 맞지 않는 것이다. 좋은 재료를 쓰면 누구나 맛있는 음식을 만들 수 있다. 그러나 그렇게 해서는 수익을 내지 못한다. 적절한 가격의 재료로 최고의 맛을 내면서 합리적인 가격을 책정해야 한다. 경영을 해보지 않은 상태에서 무작정 좋은 재료를 쓰면서 가격은 비슷하게 받기 때문에 수익을 내지 못하고, 맛은 있어도 결국 식당은 문을 닫게 되는 것이다.

이처럼 일단 창업의 길로 뛰어들면 오너가 경영, 회계, 세무, 직원 관리 등 모든 것을 도맡아 해야 한다. '작은 가게라면 괜찮지 않을까?'라고 생각하겠지만, 결코 아니다. 푸드 트럭이든, 4평짜리 식당이든, 100평짜리 레스토랑이든 운영의 질적 내용은 다르지 않으며, 똑같은 열정의 크기를 요한다. 이 모든 것을 책임지고 스트레스를 감당할 수 있어야만 요식업계에서도 끝까지 살아남을 수 있다.

셰프는 한마디로 3D(Dirty, Danger, Difficult) 직종이다. 3D 중에서도 최악의 3D다. 새벽 일찍 일어나야 하고, 부지런해야 한다. 남들 먹을 때 못 먹고, 남들 놀 때 못 논다. 남들 쉴 때 못 쉬고, 남들 일할 때에야 겨우 쉴 수 있다. 모든 서비스업이 마찬가지이지만, 주방 일은 여기에 한술 더 뜬다. 하루에 12시간 이상 서 있어야 하고, 남녀 가리지 않고 무거운 재료를 날라야 하며, 한여름에도 장시간 불 옆에서 일해야 한다.

서비스업종 중에는 예쁘게(혹은 멋지게) 차려입고 사람을 상대하는 일도 있지만, 하얀 가운을 입고 불 옆에서 온종일 씨름해야 하는 셰프들은 외모는 고사하고 쏟아지는 땀과 고열로 인해 피부 관리하기도 벅차다. 게다가 처음 레스토랑에 들어가면 맡게 되는 '짬(음식물 쓰레기)' 처리는 웬만한 일반인은 감당하기 어렵다. 가정에서도 음식물 쓰레기는 다들 기피한다. 재료를 손질한 찌꺼기, 요리하면서 나온 재료, 사람들이 먹다 남긴 것 등 온갖 음식이 뒤섞여 범벅이 되어 있는 레스토랑의 음식물 쓰레기는 과장 없이 사람의 토사물과 비슷하다. 그런 음식물 쓰레기를 모아놓은 식당의 짬통은 웬만한 사람 키를 훌쩍 넘기기도 한다(나는 짬통을 비우다 짬통에 빠진 적도 있다).

물론 몇 번 짬통에서 허우적대다 보면 얼마 지나지 않아 요령이 생기고, 음식물 쓰레기도 거뜬히 처리할 수 있지만, 어쨌든 온 동네 사람들이 먹다 남은 것을 치우는 일은 주방 일이 익숙해지고 난 후에도 달가운 장면은 아니다.

레스토랑이나 푸드 비즈니스 사업을 하겠다는 사람에게 "하지 마십시오"라며 우스갯소리처럼 말하지만, 이 말에는 진심이 담겨 있다. 13년간 푸드 비즈니스 세계에서 쓴맛, 단맛, 아린 맛까지 모두 보았다. 창업은 꽃길만 밟고 가는 것은 아니다. 수없는 난관이 기다리고 있다. "식당이 아니라 배송사업을 하고 싶다"고 말하는 사람도 마찬가지다. 음식이 어떤 과정을 거쳐 만들어지는지 모른다면 그 사업은 성공할 수 없다.

배달 업계의 '성공 신화'를 써내려가던 우아한형제들조차 식재료를 담아 정기적으로 배송해주는 '배민쿡' 서비스를 3개월 만에 종료했다. 약 6개월간의 베타 테스트를 거쳤음에도 불구하고 말이다. 거대한 플랫폼이 있는 회사조차도 쉽지 않은 길인 것이다.

그리고 무엇보다 푸드 비즈니스를 하다 보면 정말 좋아했던 음식조차 싫어지는 경우가 있다. 만둣집 가게 아들이 만두를 싫어하는 것처럼 말이다. 실제 나는 고기를 정말 좋아하지만, 주방에서 스테이크를 굽는 동안에는 고기를 일절 먹지 않았다. 비계와 육막이 그대로 붙은 채 주방에 들어오는 고기를 손질하고 무게에 맞춰 전부 소분(小分)하면서 맡아야 하는 고기 피 냄새에 질린 것이다. 팬을 잡지 않는 지금은 고기를 먹긴 하지만, 예전처럼 즐기지는 못한다.

주방에서의 모든 경험은 몇 마디 말로 다할 수 없다. 그럼에도 불구하고 창업의 길로 접어들기 원한다면 그랑씨엘 같은 큰 레스토랑에서 딱 3개월만 일해보길 권한다. 석 달을 겪어보고 나서도 푸드 비즈니스에 뛰어들겠다는 결심이 선다면 그땐 도전해보아도 좋다.

우리는 너무 쉽게 겉으로 드러난 부분만을 보고 평가하는 경향이 있다. 아이돌의 처절한 노력은 외면한 채 그들의 화려함만을 보는 것처럼 푸드 비즈니스 역시 미디어가 만들어낸 막연한 환상에 젖지 말고, 현실을 똑바로 직시하고 다가설 필요가 있다.

비즈니스의 기본은
직원 관리에서 시작한다

1 끊임없이 소통하라

스타트업의 신입사원도 마찬가지지만, 식당에서 고용하는 아르바이트나 직원은 젊다. 아니, 어리다고 표현하는 것이 맞을 것이다. 어리다는 것은 그만큼 사회생활에 대해 모를 뿐 아니라 책임감도 크지 않다. 언제든지 직장에서 벗어날 수 있다고 생각한다. 이들이 직장을 이탈하지 않도록 하기 위해서는 끊임없는 케어가 필요하다. 한 명 한 명, 직원의 표정, 기분을 파악하고 그들이 직장 내에서 가지고 있는 문제는 무엇인지, 어떻게 해결하면 좋을지 선배로서 어드바이스해줄 수 있어야 한다.

2 강요가 아닌, 이유를 설명하라

요즘 젊은이들은 학교에서 공부만 하다 곧바로 사회에 진출하는 경우가 대부분이다. 임기응변이나 융통성이 부족한 이들에게 나도 힘들게 일했으니 너도 무조건 해야 한다는 식의 강요는 올바르지 않다. 친절하게 '왜' 그래야 하는지 이유를 설명하고, 이해할 때까지 설득해야 한다. 월급을 주면서 고용한 직원에게 왜 그렇게까지 해야 하냐고 생각하지 말고, 회사의 성과를 위해 직원들과 소통할 수 있는 방법을 찾아야 한다.

3 동기부여, 비전을 보여라

회사의 CEO는 직원들이 동기 부여를 받을 수 있도록 끊임없이 비전을 제시해야 한다. 단, 비전은 말로 보여주는 것이 아니라 성과로 보여주어야 한다. CEO가 결코 안 될 것 같은 목표를 이뤄내면서 회사를 키우는 모습을 보이면 직원들은 말하지 않아도 따라갈 수밖에 없다. 말로 제시하는 비전도 중요하지만, 직원들이 직접 몸으로 체득하며 스스로 비전을 깨닫게 하는 것은 더 중요하다.

4 회사만의 매뉴얼을 만들어라

서비스 기업은 직원들의 행동 규칙에 대한 매뉴얼이 있다. 작은 식당이라도 직원을 두고 있다면 매뉴얼을 만드는 것이 직원들의 쓸데없는 분쟁과 오해를 줄일 수 있다. 매뉴얼이 없다면 오너의 경험이 쌓일 때마다 하나씩 매뉴얼을 만들어두면 직원을 교육하는 데 효과적이다. 회사가 커지기 시작하면 모든 직원을 감당할 수 없다. 회사가 커질 때를 대비해서라도 회사만의 매뉴얼을 만들어둘 필요가 있다.

5 정기적으로 면담하라

사람은 상대가 관심을 쏟는 만큼 기대에 부응하고자 노력한다. 단, 이것은 가족 같은 분위기를 빙자해 개인의 프라이버시를 침해하는 것과는 다르다. 한 달 혹은 석 달 등 회사의 기준을 정해두고 정기적인 면담 형식을 통해 직원에게 문제는 없는지, 회사에 잘 적응하고 있는지, 비전을 가지고 일하는지 등을 확인하며 일을 조율해나가면 직원이 이탈하는 것을 미연에 방지할 수 있다. 면담 시 어떤 것을 확인할 것인지 등 체크 사항을 문서화해두는 것도 좋은 방법이다.

500만 원으로
인뉴욕을 열다
:

먼 길을 가기 위해서는 그 과정이 힘들고 어려워도

그 자체를 즐길 수 있어야 한다.

자신이 무엇을 좋아하는지 알지 못한 채 그 길을 택한다면

힘든 여정이 될 수밖에 없다.

하지만 웃으며 감당할 수 있다면 해보라고 응원하고 싶다.

창업의 길은 결코 쉽지 않지만, 의외로 숨겨져 있던 사업 역량을 발휘할 수도 있다. 스물다섯, 회사에 다녀본 적 없던 나도 레스토랑을 오픈해 화제가 되었다. 스물다섯에 모아둔 돈이 있었을 리도 없고, 요리를 따로 배운 적도 없었다. 그저 어렸을 때부터 끼니마다 아버지를 위해 새 밥을 짓는 엄마 옆에서 요리하는 것을 도왔을 뿐이다. 누가 강요한 것도 아니었고, 엄마가 고생하는 것이 싫어 스스로 엄마를 거들었던 일이었다.

나는 관심이 없는 일에는 아예 흥미가 없다. 대신 좋아하는 일은 끝까지 파고들고, 최선을 다해야 직성이 풀리는 성격이다. 이런 성향은 어릴 때부터 있었다. 김장철이 다가오면 엄마 옆에서 고사리 같은 손으로 마늘 두세 접을 까고도 끄떡하지 않았다. 마늘 냄새가 손에 배어 며칠씩을 가도 엄마를 도울 수 있다는 마음이 있었기에 기쁜 마음으로 그 일을 한 것이다.

공부에서도 이런 성격은 그대로 드러났다. 가만히 앉아 누군가의 가르침을 받기보다는 직접 부딪히며 배우고 익히는 것을 좋아했다. 이런 성격 때문에 대학 성적도 내가 좋아하는 교수의 수업은 A⁺, 그렇지 않은 교수의 수업은 평균 이하로 떨어지는 등 들쑥날쑥했다.

성격은 기본적으로 타고나는 것이기에 나 같은 성격이 사업에 어울린다 어울리지 않는다를 논하고자 하는 것은 아니다. 그러나 자신이 즐겁게 할 수 있는 일과 그렇지 않은 일에 대한 성과는 분명히 다르다. 그런데 많은 사람이 자신이 좋아하는 일조차 찾지 못하는 경우가 많다.

내게 요리란 너무나 익숙하고 당연한 것이었기 때문에 처음부터 나 자신이 요리를 좋아한다는 것을 알았던 것은 아니다. 대학 졸업 후 자연스럽게 요리와 관련된 일을 찾았던 나는 푸드 스타일링 학원의 문을 두드렸다. 당시 푸드 스타일링에 대한 정보가 전혀 없었던 터라 맛있는 음식을 예쁘게 차려낸다는 것이 꽤 멋진 일인 것처럼 여겨졌었다.

하지만 푸드 스타일링은 내가 생각했던 것과는 전혀 다른 일이었다. 요리와 같은 부류라고 생각했지만, 푸드 스타일링은 오히려 조각가와 비슷한 느낌이었다. 음식을 먹음직스럽고 아름답게 보이도록 하기 위해 요리에 재료를 덧입히고, 신선하고 싱싱하게 보이도록 하기 위해 기름칠을 하고, 물을 뿌리고, 촬영기자, 푸드스타일리스트, 진행자들의 손이 수십 번 오가며 모양을 만드는 일을 했다. 맛을 내는 과정을 생략해 아예 먹을 수 없는 요리를 만드는 경우도 많았고, 요리는 촬영이 끝난 후 쓰레기통으로 직행했다.

한마디로 푸드 스타일링은 '죽은' 요리를 치장하는 일, 가짜를 진짜처럼 만드는 일이었다. 그 사실을 푸드 스타일링을 배우면서 알게 되었고, 내가 끔찍이도 그 일에 관심이 없다는 사실을 푸드 스타일링을 배우면서 알게 되었다. 나는 내가 한 요리를 누군가 먹고 맛있어 하는 모습을 보는 것이 좋다. 요리를 먹고 즐거워하고 감사해하며 사람들끼리 맛있다고 칭찬하는, 그런 감정을 주고받는 과정이 좋았다. 그것을 푸드 스타일링을 배우면서 비로소 알게 된 것이다.

2002년 서울에 올라와서 약 8개월 동안 푸드 스타일링 학원을 다니면서 양식, 일식, 프랑스 요리를 배웠지만, 모두 수박 겉핥기식이었다. 오히려 학원에서 얻은 정보로 인도 대사관 부인이 여는 쿠킹 클래스나 새로운 요리를 맛볼 수 있는 특이한 장소와 기회가 있는 곳을 친구들과 찾아다니는 것에 더 열심이었다. 그쪽이 훨씬 더 내 흥미를 끌었기 때문이다.

8개월 동안 학원을 다닌 뒤 졸업전을 하고 수료증을 받았지만, 솔직히 푸드 스타일링 학원에서 배운 것은 많지 않다. 그럼에도 나는 학원을 졸업하고 푸드 스타일링 일을 했다. 졸업전에서 우리 팀의 작품을 좋게 본 업체들이 일을 의뢰했기 때문이다. 그러나 이는 돈을 벌기 위한 목적이었고, 1년 뒤 결국 나와 맞지 않는 그 길은 과감하게 접고 말았다.

인뉴욕은 2004년 문을 연, 국내 최초의 원테이블(one table) 레스토랑이다. 오로지 한 팀만을 위해 요리하고, 서비스하는 레스토랑인 것이다. 나의 진로를 열어주었던 인뉴욕을 오픈할 수 있었던 것은 순전히 호기심 많은 나의 성격 덕분이었다.

지금의 남편과 나의 아지트이자 데이트 장소였던 4평짜리 레스토랑은 강남의 여느 맛집보다도 훨씬 더 맛있는 곳이었다. 캐나다에 이민을 갔다가 다시 한국으로 돌아온 셰프가 운영하는 레스토랑이었는데, 그곳 음식이 정말 마음에 들었던 나는 그 셰프에게 요리를 가르쳐 달라고 졸라댔다.

"샌드위치 만드는 법 좀 가르쳐주세요. 돈은 드릴게요."

까칠하고 약간 무섭기까지 했던 그 셰프는 황당한 듯 처음에는 거절했다. 하지만 계속 찾아가 졸라대자 높은 강습료를 불렀다. 그때 나는 이렇게 말했다.

"여기서 배운 샌드위치로 나중에 큰돈을 벌 테니 이 강습료는 오히려 작은 돈일지 모릅니다. 낼게요."

그때 나는 정말 그 셰프의 레시피가 탐이 났다. 그 레시피를 알아내기 위해 강습료를 내는 것은 물론 거기서 그치지 않고 서빙, 설거지, 심부름 등을 마다하지 않고 뛰어다녔다. 그런 나를 예쁘게 본 셰프는 다시 캐나다로 돌아가게 되었을 때 내게 그 가게를 인수해서 운영해보지 않겠느냐는 제안을 했다. 가게를 인수할 돈이 없었던 나는 일단 내가 가진 돈 500만 원과 남편 돈 500만 원을 계약금으로 걸어두고, 얼마 동안의 유예 시간을 달라고 부탁했다. 그리고 남편과 나 둘이서 몇 달 동안 닥치는 대로 아르바이트를 해서 겨우 가게를 인수할 수 있었다.

처음부터 가게를 탐냈던 것은 아니다. 나의 열정을 내보이자 기회는 우연히 찾아왔다. 만약 그냥 그 식당에서 데이트만 하고 끝냈다면 나는 지금 어떤 일을 하고 있을지 모른다. 원하는 것을 얻기 위해서는 불가능할 것 같은 일에도 도전해야 하고, 상대방을 설득할 수도 있어야 한다. 어떤 식이든 그 속에서 가장 중요한 것은 '과연 이 일을 내가 즐길 수 있는가'이다.

'천재는 노력하는 사람을 이기지 못하고 노력하는 사람은 즐기는 사람을 이기지 못한다'는 말이 있다. 일을 하는 데 있어 가장 중요한 것은 열정이라고들 한다. 내가 즐거워야 일할 맛도 나고, 새로운 아이디어도 생기는 법이다. 즐겁지 않은데 열정이 생기고, 정성이 들어가고, 노력하기란 쉽지 않다. 먹고사는 것도 중요하지만, 그보다 우선된 것은 내가 관심 있고 좋아하는 일을 찾는 것이다. 오로지 생계유지를 하면서 내가 즐거운 일을 찾는 것이 생각만큼 쉽지는 않다.

나 역시 너무나 익숙했던 요리를 통해 사람들과 소통하는 것을 즐긴다는 것을 다른 일을 거치면서 알았다. 재능과 더불어 결코 포기할 수도, 포기해서도 안되는 것이 일을 하면서 느끼는 즐거움과 보람일 것이다. 그조차 확신하지 못한다면 이 분야의 일은 결코 오래 지속할 수 없다.

박수 칠 때
떠나라

:

초라한 모습으로 무대에서 내려오고 싶지 않았다.
멋진 모습으로 무대를 떠나기 위해서는 쉽게 포기하지 말고
끝까지 치열하게 파고들어 방법을 모색해야 한다.
이것은 그랑씨엘을 운영하며 배웠다.

2016년 우리나라에서 새롭게 등록된 사업자등록 수는 약 88만 개. 역대 최다다. 그러나 이들 88만 곳 중 직원을 데리고 창업한 곳은 10%에 불과하다. 90%가 혼자 사업을 시작했다(통계청). 그리고 이들 중 절반이 3년 이내에 폐업한다. 혹독한 결과다.

사업을 시작할 때 사람들은 아이디어를 내고, 많은 것을 고민하고, 실행에 옮긴다. 성공할 것이라는 자신감을 가지고 시작한다. 그러나 모든 사업이 생각처럼 잘되기만 하는 것은 아니다. 시시각각 위기가 닥치고, 힘든 고비가 찾아온다. 앞으로 나가기보다 주저앉고 싶은 순간도 분명 있다.

엄마 아버지의 딸로 살기에는 하고 싶은 것이 너무 많았던 20~30대를 지나 스타트업으로 한발씩 나아가는 지금 "얌전히 있다 좋은 집에 시집이나 가지 왜 사서 어려운 길로 가려고 하느냐"던 엄마의 말씀을 왜 듣지 않았을까, 후회한 적도 많다. 하지만 여러 어려움을 겪으면서도 더 나은 내일을 위해 당당하게 앞을 바라보고 달려갈 수 있는 것은 결코 초라한 모습으로 무대를 떠나고 싶지 않은 나의 자존심 때문이다.

인뉴욕이 자리를 잡고 1년 뒤, 좀 더 캐주얼한 이탈리안 레스토랑 그랑씨엘(2005년)을 오픈했다. 식사 시간이면 항상 줄을 서야 했던 그랑씨엘이 어느 순간 매출이 폭삭 내려앉은 적이 있다. 조용하게 식사를 할 수 있는 명소로 인식되던 도산공원에 랄프로렌, 에르메스 같은 패션 브랜드가 들어오기 시작하더니 갑자기 레스토랑들이 문을 닫으며 유령 동네처럼 변하고 만 것이다. 남편과 나는 우리의 휴식처였던 도산공원을 산책하며 오랫동안 고민했다. 당시 그랑씨엘을 접어도 손해는 아니었다. 남편은 레스토랑을 접고 싶어 했다. 하지만 내 자존심이 허락하지 않았다. 머리를 맞대며 의논하던 남편에게 나는 말했다.

"최고일 때 접을 수는 있지만, 최하일 때는 접지 말자."

나는 내가 직접 문을 연 레스토랑이 나락으로 떨어졌을 때 접는다는 것을 도저히 용납할 수 없었다. '박수 칠 때 떠나라'는 말이 있다. 은퇴를 하더라도 최고일 때 떠나야 멋있어 보인다. 초라한 모습으로 무대에서 내려오고 싶지는 않았다. 일단 결론을 내린 뒤 우리는 곧바로 방법을 모색했다. 마케팅에 대해서는 잘 몰랐던 때였다. 프렙을 운영하는 지금도 마케팅은 여전히 어려운 숙제다. 그렇지만 단 한가지 알고 있는 것이 있었다.

'가본 곳은 또 방문하기 쉽지만, 한번도 가보지 않은 집은 들어가기 쉽지 않다.'

사람들에게 그랑씨엘이라는 레스토랑이 어려운 가게가 아니라는 것을 알려줘야 했다. 그러려면 무조건 레스토랑을 방문하게 해야 했다. 이때부터 나는 주방을, 남편은 외부로 영역을 나누어 각자의 길에 매진하기 시작했다.

나는 남편에게 백만 원이든, 천만 원이든 좋으니 무조건 사람들을 레스토랑으로 데리고 오라고 했다. 남편은 닥치는 대로 사람을 만나고 다녔다. 그리고 만나는 사람마다 밥 한 끼 하자며 초대했다. 기자를 데려오기도 하고, 친구를 데리고오기도 했다. 어떤 때는 비즈니스로 알게 된 사람을 데려와 식사를 하기도 했다.

나는 레스토랑에서 할 수 있는 일을 했다. 다른 곳과 조인해 모임을 만들고, 파티를 열었다. 이런 일들은 모두 손해가 나는 일이었지만, 그랑씨엘이 건재하다는 것과 찾기 어려운 레스토랑이 아니라는 것을 알리기 위해서는 감수해야 하는 일이었다. 그런 식으로 그랑씨엘을 찾은 사람 중에는 "아, 예전에 내가 자주 오던 곳이었는데"라는 사람도 있었고, "음식이 맛있고 분위기가 좋다"고 칭찬해주는 사람도 생겨났다.

그렇게 한 달, 두 달이 지나면서 그랑씨엘의 매출은 다시 서서히 정상 궤도를 찾아갔다. 맛집으로 검증된 곳이라도 그 가게를 밟아보기 전까지는 찾아가기가 쉽지 않지만, 한번 간 곳은 다시 한 번 더 찾아가기 부담스럽지 않다. 편안함을 느끼기 때문이다. 이 전략이 먹혀들어간 것이다.

잘나가던 그랑씨엘 이태원점을 접어야 했던 뼈아픈 기억도 있다. 가정간편식 배달 사업인 프렙을 시작한 직후였다. 그랑씨엘 이태원점은 3년 동안 운영했다. 매출에 대해 고민하다 복합문화공간인 블루스퀘어와 조인을 했다. 공연을 보면서 문화를 즐길 정도라면 레스토랑의 퀄리티와 맛도 까다롭게 선별할 것이라고 판단해 공연 티켓과 레스토랑 식사권을 함께 엮어 팔았는데, 이것이 성공적이었다. 보통 레스토랑은 점심 저녁, 두 타임을 도는 것이 일반적이다. 그랑씨엘 이태원점은 점심에 한 타임, 공연 전에 한 타임, 그리고 공연 시간 동안 일반인을 받으며 매일 세 타임이 돌아갔다. 매출은 급상승했지만, 직원들이 버텨내질 못했다.

　직원이 힘들수록 오너는 그 옆을 지켜야 한다. 그래야 직원이 흔들리지 않고 견뎌낼 수 있다. 직원이 힘들 때 오너가 그들을 방치하면 레스토랑은 금세 색깔을 잃고 만다. 인뉴욕과 그랑씨엘, 마이쏭, 프렙은 서로 가까이에 모여 있어 프렙을 운영하면서도 충분히 관리가 되었다. 하지만 이태원은 따로 시간을 내서 가야 하는데, 그곳까지 신경을 쓸 여력이 좀처럼 생기지 않았다. 결국 이태원점을 찾는 것이 점점 부담이 되기 시작했고, 오너가 소홀해지자 서비스에 구멍이 보이고, 음식 맛이 흔들리기 시작했다.

　물론 그 정도로 일반 소비자가 알아챌 리는 없을 것이다. 하지만 나는 작은 틈을 내버려두면 머지않아 둑이 한꺼번에 터질 것임을 알았다. 그러면 이태원점 때문에 본점은 물론 그 옆의 인뉴욕, 마이쏭과 새로 시작한 사업에도 영향을 미칠 것이 분명했다. 마치 바이러스처럼 소리 없이 퍼져나가는 것이다. 남편과 나는 다시 도산공원에서 머리를 맞대야 했다. 햇볕이 아직은 따뜻했던 그날 오후, 나는 남편에게 말했다.

"오빠, 나는 강남 바보, 이태원 바보는 더 이상 안 할래. 이제 전국을 대상으로 하는 비즈니스를 해보고 싶어. 그리고 그게 잘되면 아시아로 진출할래."

남편은 항상 나의 든든한 후원자이자 파트너. 처음에는 폐점을 극구 반대하던 남편도 나의 이 말에 수긍해주었다. 그렇게 결정을 내린 우리는 그달 말로 바로 그랑씨엘 이태원점을 접었다. 이미 내린 결정을 두고 뒤로 미뤄봐야 득이 될 것이 없었기 때문이다. 그랑씨엘 이태원점은 망해서 접은 것이 아니라는 사실을 만나는 사람마다 설명해야 하는 것이 썩 유쾌한 일은 아니었다. 하지만 그조차 내가 감당해야 할 몫이었다. 그리고 프렙으로 더 크게 성공해 사람들에게 보여주자 다짐했다. 어쩌면 이런 과정이 더욱 새로운 사업에 치열하게 달려들 수 있는 동기가 되었을 것이다.

사업을 하다 보면 숱한 결정을 내려야 할 때가 있고, 생각지도 않은 위기가 찾아오기도 한다. 그때마다 쉽게 주저앉거나 꺾여서는 곤란하다. 끝까지 파고들어 방법을 찾고, 난관을 극복해야 한다. 내가 이런 어려움을 이겨내고 앞으로 나아가게 만드는 것은 나의 자존심이다. 나는 나를 아는 사람들에게 실패한 내 모습이 아닌, 성공한 모습을 보여주고 싶다. 결국은 이런 마음이 회사를 지속적으로 키워나가고, 더 나은 나를 만들도록 하는 에너지가 된다.

미래를 고민하다.
100년 가는 기업의 필수 조건

1 기업 철학이 필요하다

오너의 철학은 신념을 만들고, 신념은 기업의 방향을 결정한다. 맛의 기준을 자신에게 두는 것처럼 요리 철학과 경영 철학에 대해 생각해야 흔들리지 않고 기업을 유지할 수 있다. 그리고 깊은 철학을 가진 오너야말로 직원들의 존경을 받음과 동시에 그런 오너만이 직원들이 믿고 따르는 존재가 될 수 있다.

2 멈추는 순간, 망한다

"같은 곳에 있으려면 쉬지 않고 달려야 해. 만약 다른 데로 가고 싶으면 지금보다 두 배는 빨리 달려야 한단다." 〈이상한 나라의 앨리스〉 속편인 〈거울 나라의 앨리스〉 속 붉은 여왕의 대사다. '붉은 여왕의 효과'를 극복하지 못하면 세계 최고의 기업도 무너지는 세상이다. 하물며 작은 기업이 정체한다는 것은 곧 망하는 것을 의미한다. 아무리 작은 가게를 운영하더라도 그 속에서 무엇을 개선하고, 발전시킬 것인지 끊임없이 연구하고 앞으로 나아가야 한다.

3 소비자가 있어야 기업도 있다

청중이 없으면 아티스트도 없고, 팬이 없으면 연예인도 없다. 장사를 하는 사람에게 소비자가 없으면 회사 자체가 존재할 수 없다. 모든 서비스는 소비자를 위해 존재하고, 소비자 기준에서 생각하면 해답을 찾을 수 있다. 일본 전국 1,400곳이 넘는 매장을 운영하며 혁신의 아이콘으로 불리는 츠타야 서점의 창시자 마스다 무네아키는 "성공하는 방법은 다양하다. 고객이 원하는 것을 콕 집어서 제안하면 계약은 성사된다. 답을 알 수 있다면 기획은 백발백중인데 다들 '답'을 찾으려 하지 않는다. 답을 찾으려 하지는 않고 한방만 노린다"고 했다. 답은 소비자에게 있다.

4 모래 위에 성을 쌓지 마라

사람 일은 알 수 없다. 4평짜리 레스토랑이 100억 가치의 기업으로 클 수도 있다. 항상 미래에 대비에 기본을 탄탄하게 다져야 한다. 뒤처지지 않게 열심히 일해야 하는 것도 있지만, 급하다고 서둘러서도 안 된다. 회사 시스템도, 직원 교육도, 홈페이지도 기초부터 차근차근, 탄탄하게 다져야 오래 가는 회사로 성장할 수 있다.

5 직원을 소중하게 여겨라

월마트 창업자 샘 월튼은 "직원이 행복하면 고객도 행복하다. 직원이 고객을 잘 대하면 고객은 다시 찾아올 것이고 바로 이것이 사업 수익의 원천이 된다"고 했다. 돈을 버는 것은 결국 직원이다. 수많은 기업가들이 '사람 중심의 경영'을 외치는 것도 바로 이런 이유 때문이다. 직원이 행복할 수 있고, 열심히 일할 수 있는 여건을 만드는 것이 CEO의 가장 기본적인 역할이다.

흔들리지 않는
두 가지 철학
:

누구나 100년 기업을 꿈꾸지만,

세상에는 반짝 하고 마는 회사가 너무 많다.

무엇이 문제일까?

오너의 제대로 된 요리 철학, 경영 철학이 없다면

탄탄한 기업을 만들기는 어렵다.

음식만큼 개인적이고 주관적인 것이 또 있을까. 어떤 사람은 스테이크를 피가 흥건한 레어로 먹지만, 어떤 사람은 속까지 완전히 익힌 웰던이 아니면 손도 대지 않는다.

어릴 때부터 어떤 요리를 먹었느냐에 따라서, 지역에 따라, 성향에 따라, 어떤 음식을 경험했느냐에 따라 사람마다 요리의 기준은 천차만별이다. 짠 것을 많이 먹으면 몸에 좋지 않다고 하지만, '짜다'라는 기준을 어디에 맞춰야 할까? 몇 십 년을 같은 솥밥을 먹고 지내는 가족도 각자의 입맛은 다른데 말이다.

레스토랑을 오픈하고 2년 정도 지난 후 요리에 대한 신념이 크게 흔들린 적이 있었다. 어떤 사람은 싱겁다고 했고, 어떤 사람은 짜다고 했다. 어떤 사람은 맛있다고 했고, 어떤 사람은 맛이 없다고 했다. 사람들의 말에 귀를 기울이면 기울일수록 나의 가치관은 흔들렸고, 이송희라는 사람의 음식은 사라졌다. 어디에 장단을 맞춰야 할지 나 자신이 중심을 잡지 못했고, 음식 맛 역시 중심을 잃곤 했다. 위기감을 느낀 나는 판단을 내리고 마음을 다잡았다.

우선 셰프가 모든 사람을 만족시킬 수는 없다는 것을 인정해야 했다. 100명, 1,000명을 모두 만족시키고 싶다는 욕심을 버리고, '내 음식을 좋아하는 사람만 따라오도록 만들자'고 마음을 내려놓게 되었다. 그리고 그 후 나의 요리 철학은 확고해졌다.

내게는 흔들리지 않는 두 가지 철학이 있다. 하나는 '미니멀 퀴진

(minimal cuisine)'이다. 요리에 많은 재료를 쓰지 말 것. 요리에 많은 재료를 쓰면 맛은 진해지고, 보기에는 화려할지 모르지만, 재료 본연의 맛은 흐려진다. 요리에 들어가는 재료의 맛을 최대한 끌어올리면서 심플하지만 맛있는, 깊은 요리를 만들자는 것이 나의 첫 번째 요리 철학이다.

프렙은 물론 그랑씨엘이나 마이쏭의 레시피는 말도 안 될 정도로 간단하다. 전혀 복잡하지 않다. 가끔 요리 트렌드를 파악하기 위해 다른 셰프들의 레시피를 따라 요리를 해보는 경우가 있다. 그럴 때마다 레시피가 왜 이렇게 복잡한지 의문이 든다. 요리는 복잡할 필요가 없다. 간단하게 만들어도 충분히 좋은 맛을 낼 수 있다. 요리의 최종 목적은 보여주기가 아니라 함께 나누는 데 있다. 그 본질을 잊지 않는다면 레시피는 훨씬 더 간단해질 수 있다.

또 하나는 내가 먹어서 맛있는 요리를 할 것. 이것이 핵심이다. 내가 요리한 음식을 자랑스럽게 낼 수 있다면 그것이야말로 셰프로서 가장 최상의 방법이다. 내가 맛있다면 내 요리를 좋아해주는 사람이 분명히 있을 것이고, 그들만 따라와도 가게는 유지를 할 수 있다.

가끔은 맛집으로 소문난 집에 가서 먹어도 맛이 없는 경우도 있고, 다른 사람은 별로라고 해도 내 입에는 맛있는 경우가 있다. 백이면 백, 모두가 맛있다고 칭송하는 집은 없다. 미슐랭 가이드의 별을 3개 받은 레스토랑이라도 내 입맛에 맞지 않으면 그 집은 내게 맛집이 아닌 것이다.

이렇게 마음을 굳힌 이후, 나는 한번도 이 두 가지를 어긴 적이 없다. 더듬어보면 이는 엄마의 요리 철학과도 비슷하다. 모전여전(母傳女傳). 오랫동안 엄마의 영향을 받은, 그 엄마의 그 딸인 셈이다.

예전에 KBS에서 방영하는 〈100년의 가게〉라는 다큐멘터리를 본 적이 있다. 우리나라의 기업 수명은 고작 10년인 곳이 허다하다. 왜 이처럼 국내 기업 수명이 짧은지, 반대로 전 세계에 흩어져 있는 100년을 이어온 기업의 비밀을 추적해 그 이유를 밝히고자 하는 프로그램이었다. 이 방송을 보고 나는 크게 감명을 받았다. 그리고 내가 가게를 낸다면 100년을 지속하는 기업을 만들겠다고 결심했다.

프렙이 이름을 알리고 난 후 케이블 채널의 요리 프로그램에서 우승하는 사람의 음식을 배달해달라는 제의가 들어온 적이 있다. 아마 다른 회사였더라면 기꺼이 동참하지 않았을까 싶다. 홍보에 도움이 될 것이 분명하기 때문에 어찌 생각하면 당연히 받아들여야 하는 제의였을 수도 있다.

하지만 나는 정중하게 거절했다. 거절의 이유는 내가 맛있다고 생각하는 요리가 아니었기 때문이다. 나의 기본 철학은 내가 먹어서 맛있는 음식을 판매하는 것이다. 그런데 프로그램에서 우승한 음식은 내가 만든 것도 아니고, 내가 먹어서 맛있는 음식인지도 모르는 상황이었다. 그런 상황에서 회사 홍보에 도움이 된다고 덥석 그 제안을 받아들인다는 것은 결코 프렙이 지향하는 바가 아니었다.

만약 그 제의를 받아들였다면 프렙은 훨씬 더 빨리 알려질 수 있었을지도 모르겠다. 하지만 프로그램이 종영되면 프렙도 같이 망할 수도 있는 일이었다. 나는 바로 코앞만 바라보는 근시안적 경영은 안 된다고 생각한다.

100년을 지속하는 회사를 키우려면 일희일비(一喜一悲)해서는 안 된다. 1~2년 앞만 보고 가는 것도 CEO로서의 자격미달이라고 생각한다. 이 일로 그 케이블 채널을 운영하던 대기업과의 거래는 단절되고 말았지만, 내 철학을 지키기 위해서는 어쩔 수 없는 일이라고 생각한다. 그리고 이처럼 오너의 철학을 단단하게 지켜나가는 것이야말로 회사를 더 오랫동안 유지할 수 있는 비결이라고 믿는다.

세상에는 반짝했다가 사라지는 회사가 너무 많다. 프렙은 이제 겨우 한발을 뗀 회사지만, 반짝 회사로 만들 생각은 전혀 없다. 앞으로 10년, 50년, 100년을 이어나갈 기업으로 키울 것이다. 나의 요리 철학, 경영 철학을 그때까지 지켜나갈 것이다.

아버지에게
배운
돈에 대한 태도
:

돈은 사업의 중요한 목표 지향점이다.

100%는 아니지만, 돈은 권력과 사회적 지위에 영향을 미친다.

돈에 대한 애매모호한 태도는 사업에서 방해만 될 뿐이다.

돈의 권력을 인정하고, 당당하게 거래에 응할 필요가 있다.

사업을 하려면 돈에 대한 개념이 확실해야 한다. 좋은 게 좋은 거라며 돈에 대해 두루뭉술하게 넘어가거나 마음은 전혀 그렇지 않으면서 "월세 정도만 벌어도 만족한다"고 말해서는 곤란하다. 사람은 돈에 집착한다. 정당한 방법으로, 노동의 대가로 돈을 버는 것은 결코 나쁜 일이 아니다. 그럼에도 마치 돈에 초월한 것처럼 굴 필요는 없다.

"아빠는 한 달에 얼마나 벌어?"

다섯 살 때부터 이런 질문을 하던 나는 돈에 관심이 많았다. 어릴 때는 단순한 호기심이었겠지만, 좀 더 크고 나서는 돈에 권력이 뒤따른다는 것을 깨달았다. 초등학교 6학년 때다. 엄마와 쇼핑을 나갔던 나는 그 사실을 느꼈다. 나는 빨간색 원피스를 입고 싶었지만, 엄마는 내게 파란 원피스를 사주고 싶어 하셨다. 결국 내가 입게 된 것은 파란색 원피스였다. 그 일을 겪으며 나는 분명하게 깨달았다. 아무리 부모가 부자여도 그 돈이 내 손에 쥐어지지 않으면 결국 경제력을 쥔 사람이 권력을 가질 수밖에 없다는 것이었다.

내 고향은 울산이다. 항구도시인 울산은 물류가 발달한 곳이다. 그 때문에 물류 회사가 많았고, 아버지도 트럭을 운전하셨다. 아주 어릴 때 우리는 도심에서 한참 벗어난 너무나도 가난한 동네에 살았었다. 그 가난한 동네에도 훔칠 것이 있었던지 자고 일어나면 도둑이 들었다는 소문이 들렸다. 그러던 어느 날, 아버지는 엄마와 상의하셨다.

"이렇게 살아서는 도저히 미래가 보이지 않는구려. 우리 힘들지만, 좀 더 나은 동네를 찾아 이사합시다."

그렇게 용단을 내린 부모님들은 울산 시내로 이사했고, 이후 우리 집 운은 트였다. 평소 아버지를 좋게 봐왔던 독일회사의 물류업체 부장이 아버지에게 물류 사업을 맡겼던 것이다. 그리고 아버지는 그 기회를 놓치지 않고 울산에서 세 번째 안에 드는 물류회사로 키우셨다. 자수성가한 아버지는 내게 사업 멘토이자 롤모델이었다. 돈 문제나 사업 때문에 궁금한 점이 있으면 항상 아버지에게 물어보았고, 그때마다 아버지는 내게 기준점을 제시하셨다.

"아버지, 직원을 고용해보니 너무 힘든데, 사업에 성공한 비결이 뭐였어요? 혹시 차주들을 따로 관리한 거예요?"

아버지의 대답은 간단했다. 지금도 그렇지만, 당시에도 3개월, 6개월 어음은 흔한 것이었다. 하지만 아버지의 회사는 어떤 경우에도 어음을 사용하지 않았다고 한다. 무조건 현장에서, 현금으로 지불했다. 예를 들어 다른 회사는 울산과 서울을 오가는 운임이 1만 원이라면 아버지 회사는 8천 원이지만, 어음이 아닌 현금으로 지급한 것이다.

돈을 거래해본 사람들이라면 알겠지만, 금액은 좀 적어도 따박따박 돈을 받아야 하는 시점에 받는 현금이 최고다. 어음은 회사가 부도나서 파기될 수도 있는 만큼, 손에 들어오기 전까지는 내 돈으로 보기 어렵다. 이처럼 금액은 적어도 현금이라는 분명한 메리트가 있다 보니 다른 회사에서는 차주가 없어 고생할 때도 아버지 회사는 항상 차주들로 넘쳐나곤 했다.

아버지는 그렇게 번 돈으로 차주를 위한 휴게시설을 만들고, 차주들과 당신이 좋아하는 바둑을 두면서 관계를 돈독하게 쌓아가셨다. 다른 물류 회사가 차주를 구하지 못해 발을 동동 구를 때 아버지는 현금 지급이라는 단순한 방법으로 선순환 시스템을 만든 것이다.

나는 이런 아버지의 모습을 옆에서 지켜볼 수 있었고, 자그마했던 사무실이 커다란 회사로 커가는 것 역시 직접 지켜보았다. 엄마 옆에서 요리를 거들며 요리가 어렵지 않다는 것을 배운 것처럼 아버지 옆에서는 사업이 어렵지 않다는 것을 깨달은 것이다.

최근 예약을 했지만, 연락도 없이 나타나지 않는 노쇼(no show) 문제가 많이 거론된다. 손님은 왕이라고 하지만, 약속을 지키지 않음으로써 상대방의 재산상에 불이익을 주는 것은 분명 부당하다. 자본주의 사회에서 자신은 불이익을 당하는 것을 싫어하면서 식당에 불이익이 되는 행동을 서슴없이 한다는 것은 말이 되지 않는다.

나는 디파짓(deposit, 보증금) 개념이 없을 때인 2004년에도 디파짓을 걸었다. 원테이블 레스토랑인 인뉴욕의 경우는 완벽한 예약제로 진행되기 때문에 갑자기 예약을 취소하면 그대로 매출이 펑크난다. 일반 식당도 노쇼 문제로 입는 피해가 상당하지만, 인뉴욕은 매장의 존폐가 걸리는 문제였다. 이렇게 디파짓을 제시해도 불평하는 고객은 없었다. 오히려 매번 디파짓을 걸기 번거롭다며 미리 선금을 내거나 더블 디파짓을 거는 손님도 있었다.

내가 서비스하기 위해 비워놓은 시간, 그리고 준비에 들인 열정과 노력에 대해 소비자도 분명한 대가를 치러야 한다. 만약 그것을 옳지 않다고 생각한다면 서로 거래하지 않으면 그만이다. 대신 식당의 운영 방침을 인정하고 찾아오면 최선의 서비스를 다하면 된다.

거래는 깔끔해야 한다. 받는 만큼 주고, 주는 만큼 받는 것이 당연하다. 이런 경제적 개념은 경험이나 나이와 상관없는 가장 기본적인 사항이다. 이것은 레스토랑과 손님 관계에서는 물론 오너와 직원, 거래처 사이에서도 명확해야 한다. 애매모호한 태도도 버려야 한다. 불명확한 사람과 일하다 보면 결국 문제가 일어난다. 그래서 나는 거래가 성사되기 전에는 한없이 까다롭게 굴지만, 일단 정리가 되고, 계약서를 작성하고 난 뒤에는 상대방이 요구하는 것 이상을 하려고 노력한다.

돈은 곧 권력이다. 돈만을 쫓는 물질만능주의자는 아니지만, 현대에서 돈을 가짐으로 해서 누릴 수 있는 권력과 지위를 무시할 수 있는 사람은 많지 않을 것이다. 사람들이 더 많은 돈을 벌기 위해 노력하는 이유도 바로 돈이 안겨다주는 이점 때문일 것이다. 돈에 지배당하고 종속될 필요는 없다. 그렇지만 돈을 벌어야 하는 분명한 이유가 있다면 성공으로 가는 동기는 더욱 분명할 것이다.

대대손손
주방문화
:

간단하고 편리하지만, 품격 있는 삶을 꿈꾸는 시대다.
이런 시대적 흐름은 가정간편식 시장을 키우고,
나아가 전체 리빙 시장을 키울 것이다.
그리고 그 과정에서 경쟁이 치열해지겠지만,
성장의 기회 역시 열려 있다.

우리 집 냉장고는 문이 하나뿐인 일반형 냉장고다. 일반형 중에서도 가장 큰 용량의 이 냉장고는 내가 '한국형 스메그 냉장고'라고 애칭을 붙여준 우리 집의 착한 가전 중 하나다. 일반형 냉장고도 양문형 냉장고로 바꾸는 요즘 세상, 우리 집 냉장고를 본 사람들은 처음에는 이해하지 못한다. 하지만 나는 레스토랑을 오래 운영하다 보니 양문형 냉장고의 비실효성을 누구보다 잘 알고 있다.

문을 두 짝으로 만들면서 냉장을 유지하기 위해서는 두께가 있어야 한다. 방과 방 사이에 두꺼운 벽이 있어야 방음이 잘되는 것처럼 말이다. 그러다 보니 덩치에 비해 수납공간이 터무니없이 작다. 양문형 냉장고에 비해 일반형 냉장고는 공간도 덜 차지할 뿐 아니라 놀랄 만큼 많은 양이 들어간다. 밀봉만 잘해서 보관하면 김치냉장고를 따로 쓸 필요도 없다. 우리 집에 놀러왔다 이게 뭐지? 했던 사람들도 내 설명을 듣고 나서는 엄마를 비롯해 양문형에서 일반형으로 냉장고로 바꾼 사람이 꽤 된다. 소다수로 한 번씩 닦아주기만 하면 반짝반짝 새것처럼 예쁘게 빛이 나는 우리 집 냉장고는 10여 년 가까이 쓰고 있지만, 고장 한번 없이 쌩쌩하게 우리 집 냉장 식품을 잘 보관해주고 있다.

나의 주방 철학은 '대대손손'이다. 우리나라는 쓰고 버리는 문화다. 그냥 좀 쓰다 버리면 그만이라는 생각이 강해 일회용품 사용량도 많고, 자질구레한 것들도 너무 많다. 나는 이런 문화가 싫다. 엄마의 손때가 묻고 내 손때가 묻어서 자손들에게 대대손손 물려줄 수 있는 제품으로 주방을 가득 채우고 싶다. 그래서 나는 물건을 고를 때 한번 사면 오래도록 쓸 수 있는 실용적이고 내구성이 뛰어난 제품을 기준으로 본다.

오랫동안 경험해본 바에 따르면, 물건은 기능이 단순할수록 고장이 나지 않는다. 라디오는 라디오만 써야 고장이 나지 않고, 오프너는 오프너 기능만 있는 것이 고장 나지 않는다. 라디오와 카세트 기능을 합쳐놓으면 고장이 날 확률이 훨씬 크다. 라디오와 카세트 기능에 CD 플레이어를 또 갖다 붙이면 고장은 더 잘 난다. 3 in 1이라도 기능 한 가지가 고장 나면 그 물건은 결국 쓰레기통으로 들어가고 만다. 오프너도 전자동이 있지만, 결국 2~3년 내 망가지기 쉽다.

제품이든 삶이든 단순한 것이 좋다. 그래야 오래가고, 고장이 나지 않는다. 냉장고도 마찬가지다. 문에 작은 문이 달려 있고, 얼음이 나오고, 차가운 물도 나오지만, 결국 나중에는 별 쓸모가 없다.

우리 집에서 제일 돈이 많이 들어간 주방용품은 딱 한 가지뿐이다. 3년 전 이사하면서 들여놓은 가스레인지다. 오븐이 달린 가스레인지인 프랑스 명품 주방 라꼬르뉴(La Cornue)로 1,000만 원을 훌쩍 넘는 고가의 제품이지만 나는 하나도 아깝지 않다. 공기가 새지 않아 빵이든 치킨이든 기가 막힌 요리를 할 수 있다. 집이 좁으면 하나만, 집을 넓혀서 이사를 가면 그 옆에 색색가지 또 다른 가스레인지를 붙여서 쓸 수 있는 든든한 주방 기구다. 내가 라꼬르뉴를 산 이유는 사용이 편하고, 맛있는 요리를 할 수 있다는 것도 있지만, 무엇보다 튼튼한 내구성이다. 대대손손 물려줄 수 있는 제품이기 때문이다.

최근 요리를 하면서 새어나오는 가스가 논란이 되면 인덕션 바람이 불고 있지만, 나는 절대적인 가스레인지 신봉자다. 인덕션은 관리하기 편하고 건강에 좋을지는 모르지만, 맛있는 요리를 만들지는 못한다. 아무리 뜨겁기의 단계를 조정해도 화력에서는 가스레인지를 따라올 수 없다. 레스토랑과 일반 가정에서 맛이 차이가 나는 이유는 바로 화력의 차이다. 엄마는 건강에 좋지 않다며 인덕션으로 바꾸라고 권하시지만, 나는 가스레인지, 다시 말해 맛을 포기할 생각이 결코 없다.

엄마는 그릇 같은 식기류를 사실 때면 항상 12인조나 16인조를 사시곤 하셨다. 4명이 사는 집에 왜 저렇게 많은 식기를 사는지 궁금했던 나는 엄마에게 물어보았다. 그러면 엄마는 웃으시면서 이렇게 말씀하셨다.

"이렇게 해야 오래 쓸 수 있단다."

어린 나이에는 그 말이 무슨 말인지 몰랐다. 하지만 그렇게 산 그릇들 중 하나는 이가 빠지고, 하나는 깨지고, 하나는 사라져도 20년이 지난 지금도 세트로서의 기능을 다하며 사용되고 있다. 그런 것들을 보면서 나는 주방에서는 요리가 전부가 아니라는 것을 깨달았다.

요리에 따라, 계절에 따라 테이블웨어도 갈아야 하고, 주방에서 꼭 갖춰야 할 도구도 있다는 것을 자연스럽게 알게 되었다. 제각각의 모양도 색도 다른 식기가 올라간 식탁보다는 서로 어울리는 식기로 꾸며진 식탁이 식사 시간을 즐겁게 하고, 그릇에 국처럼 떠서 내는 것보다 전골냄비 하나만 있으면 테이블의 품격이 달라진다.

 달랑 이탈리안 메뉴 5가지로 시작했던 프렙은 이런 나의 주방 철학이 반영되며 점차 커져가고 있다. 나는 프렙을 밀 키트 사업으로만 키울 생각이 없다. 주방의 모든 것을 준비하고 돕는다는 의미를 담은 브랜드의 이름 '프렙'처럼 주방 문화를 만들어내는 모든 것을 담을 생각이다.

 가족이 맛있게 먹을 수 있는 요리, 그 요리 과정을 편하게 만들고, 음식을 빛나게 해줄 주방 도구, 화목한 분위기를 더욱 빛나게 할 테이블웨어와 주방 인테리어, 케이크, 파티 등 프렙은 주방에 관한 모든 것이 있는 브랜드로 확대될 것이다. 그리고 그곳에는 나의 대대손손 주방 철학이 심겨질 것이다. 지금도 프렙의 주방용품을 보면 나의 이런 주방 철학이 담겨 있다.

 프렙의 주방용품 란에서 볼 수 있는 비알레띠 모카포트(Moka Pot)는 밀폐된 포트를 불에 올려놓고 가열하여 농축된 에스프레소를 추출할 수 있는 커피 도구다. 30~40만 원이 훌쩍 넘는 비싼 커피 머신 없이도 비알레띠 모카포트와 비알레띠 우유 거품기만 있으면 집은 멋진 카페로 변신한다(둘 다 3~5만 원대다). 1933년 이탈리아 내 가정용 커피 메이커로 고안된 비알레띠 모카포트는 전 세계 아트 뮤지엄에 전시될 정도로 디자인적으로도 인정을 받고 있으며, 단순한 구조이기 때문에 절대 고장 날 일도 없다.

처음에 길을 들이는 것이 어렵기는 하지만, 계란말이 황동 팬도 길만 잘 들이면 대대손손 물려서 쓸 수 있는 정말 추천해주고 싶은 제품이다. 사은품으로 받는 감자 깎는 칼을 쓰는 대신 100년이 넘은 제나스위스 스타 필러로 채소를 다듬고, 그립 감 좋은 요하네스 기셀 같은 칼로 탁탁탁 식재료를 썬다면 같은 요리를 해도 즐거움은 배가 될 것이다.

나는 주방에는 품격이 있어야 한다고 생각한다. 그리고 제품 하나하나에 그것을 사용하는 사람의 손길과 감각이 묻어 있어야 주방에 머무는 시간도 즐거워질 것이라 믿는다.

과거에는 대충 먹고, 대충 살아도 잘산다고 생각했지만, 이제는 다르다. 개인의 삶의 질은 더욱 중요해지고, 또 그런 문화를 추구하게 될 것이다. 그와 동시에 리빙 시장은 더욱 커질 것이고, 이는 기회가 될 것이다. 쿠킹박스로 식탁은 풍성해질 것이고, 내가 주방에서 직접 사용해보고 내구성과 가격 대비 가성비 등을 모두 고려해 고른 제품은 소비자들의 주방을 실속 있게 채우게 될 것이다.

이런 상상은 나를 더욱 열정적으로 만드는 동기가 되며, 상상이 현실이 되어가는 모습은 더 큰 목표를 향해 나아가게 하는 자극이 된다. 꿈이 영글어가는 동안 나는 쉴 틈이 없다. 그래서 나는 매일 매일 전진한다.

효율적인 쿠킹을 위한
주방 사용법

1 주방의 표준 매뉴얼을 만들어라

매뉴얼의 중요성은 직원 관리에만 있는 것이 아니다. 주방의 매뉴얼도 중요하다. 위생, 조리, 시설 관리 등에 대한 매뉴얼을 만들어 직원에게 철저하게 교육시키도록 한다. 말로 하면 잔소리가 되지만, 교육은 회사의 방침이다. 매뉴얼을 만들어두고 익숙하고 중요한 습관이 되도록 주기적으로 교육을 한다.

2 라벨을 활용하라

주방 용어인 '미장플러스(mise en place)'는 레스토랑 오픈 전 모든 것을 제자리에 둬야 한다는 뜻이다. 바쁜 시간대에 주방이 효율적으로 돌아가기 위해서는 식재료 선별에서 서빙까지의 공정이 체계적으로 이루어져야 한다. 이 시간을 절대적으로 절약하며 사용할 수 있도록 돕는 것이 라벨이다. 지정된 장소에 각각 식재료와 유통기한 등을 상세하게 게재한 라벨을 붙여 정확하게 놓아두면 불필요한 낭비를 막을 수 있다. 주방 시스템의 시작은 '라벨'이라고 해도 과언이 아니다.

3 주방 동선을 효율적으로 만들어라

주방은 식당 규모에 따라 넓기도 하고, 좁기도 하다. 지나치게 좁거나 필요 이상 넓어도 주방을 효율적으로 사용하기 어렵다. 일반적으로 주방의 크기는 레스토랑의 25~30%를 차지한다. 단일 메뉴 식당이나 카페는 그보다 적은 10~20%가 적당하다. 주방을 세팅할 때는 일하면서 서로 부딪히거나 불필요한 움직임이 많이 생기지 않도록 주방 직원들의 작업 동선을 고려해 집기와 시설을 배치해야 한다. 특히 조리 동선과 식자재 반·출입을 위한 동선을 미리 생각해두지 않으면 낭패를 볼 수 있다.

4 업무를 분담하라

체계적이고 효율적인 주방 활용을 위해서는 냉장고 관리, 식자재 관리, 집기 관리 등 업무 분담이 필요하다. 두루뭉술하게 되는 대로 하라고 하면 그 누구도 책임을 지려고 하지 않는다. 이런 혼선을 미연에 방지하기 위해서는 미리 업무를 분담해 각자 맡은 바 역할을 충실하게 할 수 있도록 독려해야 한다.

5 청소는 매일, 철저하게

은밀한 공간인 주방은 홀에 비해서 드러나지 않지만, 보이지 않는다고 해서 간과해서는 안되는 부분이 바로 청결이다. 주방은 항상 청결하게 유지되어야 한다. 물과 기름, 온도, 수많은 식자재, 사람이 모여 있는 주방은 하루만 방치해도 금세 이물질과 세균이 번식할 수 있기 때문이다. 바닥, 후드, 하수구 등 청소는 미루지 말고 매일 하는 것이 가장 좋다.

이송희답게
산다는 것
:

인생에서, 사업에서 우선 순위는 무엇일까?

그리고 개인적으로 지켜야 할 가치는 무엇일까?

일하느라 숨 가쁘게 바빴던 나날들.

인생에서 하나를 포기하지 않으면 다른 하나를 얻기란

쉽지 않다는 것을 나는 알았다.

창업을 하면 누구나 꿈꾸는 핑크빛 미래가 있다. 좀 더 여유롭고, 좀 더 풍요롭게 인생을 즐기는 것이다. 그러나 창업의 길로 들어서는 순간 편한 생활과는 거리가 멀어진다. 직장생활을 하는 것처럼 휴일도 없고, 대신 일을 해줄 사람도 없다.

20대 중반, 인뉴욕으로 비슷한 또래들은 벌 수 없을 만큼 큰돈을 벌었던 나는 생애 첫 차로 1세대 골프를 뽑았다. 그리고 10년 넘게 같은 차를 몰고 있다. 차를 살 수 없을 만큼 경제적으로 쪼들리기 때문에 새 차를 뽑지 않았던 것이 아니다. 사이드 미러를 손으로 접어야 하고, 에어컨조차 제대로 작동하지 않을 만큼 구식 모델이 되었지만 쉽게 버릴 수 없을 정도로 내겐 큰 의미가 있다.

하지만 그 동안 사업을 하며 벌어들인 수익은 모두 회사에 재투자했다. 500만 원으로 시작한 인뉴욕에서 번 돈이 그랑씨엘이 되었고, 그랑씨엘에서 번 돈이 브런치 카페인 마이쏭이 됐으며, 레스토랑에서 번 돈으로 간편식 배달업체인 프렙을 설립했다. 1층만 사용하던 레스토랑도 사업을 확장할수록 커져 2층과 3층까지 사용하게 되었다. 앞으로 회사는 더욱 확장될 것이다.

회사에 대한 욕심이 커질수록, 개인에 대한 투자는 줄어들었다. '원피스 하나 살 돈이면, 구두 하나 살 돈이면, 직원 한 명을 더 써서 회사를 좀 더 튼튼하게 만들 수 있을 텐데'라는 생각이 들면서 자신에 대한 투자를 아예 접어버린 것이다.

외모에 대한 관심이 전혀 없었던 것도 아니다. 자랑 같지만, 패션을 좋아했던 나는 거리에서 종종 잡지 촬영 섭외를 당할 정도로 옷 잘

입는다는 소리도 많이 들었다. 그럼에도 회사를 위해 나를 위한 소비를 포기할 수 있었던 것은 이미 다 경험해봤기 때문일 수도 있다. 엄마를 통해 좋은 물건을 많이 접해보았던 나는 명품에 대한 동경과 환상이 없다.

언젠가 가수 박진영이 자신은 똑같은 바지 네 벌, 똑같은 티셔츠 네 벌을 사두고 한 시즌을 보낸다고 했다. 무엇을 입을지 고민하는 시간에 일에 대해 고민하는 것이다. 일 분 일 초가 아까운 오너에게는 아침에 일어나서 무엇을 입을지를 고민하는 것도 귀찮은 일이다. 스티브 잡스도 옷 입는 시간을 줄이기 위해 똑같은 청바지와 블랙 터틀넥을 여러 벌 사두고 매번 같은 옷만 입고 다녔던 것은 누구나 다 알고 있는 사실이다.

물론 개인적인 것을 모두 다 포기한 것은 아니다. 남편과 나는 패션은 포기하는 만큼, 피부만큼은 가꾸자고 약속했다. 옷이야 때가 되었을 때 다시 차려 입으면 되지만, 피부를 되돌리기는 힘들기 때문이다. 그리고 프렙을 설립하고 난 후 공식석상에 참석해야 할 일이 생기면서 1년에 좋은 옷 한 벌씩을 사는 것은 스스로에게 허락하고 있다.

흐르지 않고 고인 물은 썩는 것처럼 회사든 개인이든 정체하는 순간, 미래는 없다. 회사를 키우기 위해서는 열정과 자본이 들어간다. 그만큼 더 바빠지고, 더 많은 고민이 생기고, 더 많이 직원들과 대화해야 할 일이 생긴다. 성장하기 위해서는 끊임없이 더 나은 방향으로 움직여야 한다. 식당 한 곳을 운영하더라도 마찬가지다. 불편한 점을 개선하고, 더 나은 맛을 위해 쉬지 않고 업데이트해야 한다.

내가 하고 싶은 것, 즐기고 싶은 것을 모두 하면서 회사를 성장시킬 수는 없다. 무엇에 집중하고, 무엇을 포기해야 할 것인지 판단해야 한다. 그 속에서 자신만의 색깔을 잃지 않기 위해서 노력해야 한다. 그래야 나중에 돌아봐도 후회하지 않는 삶을 살 수 있다.

PART

2

COOK하다

하나하나의 재료에는 그마다 고유의 맛이 있다.
이 재료들은 서로 만나 볶아지고, 졸여지고, 튀겨지면서
새로운 맛을 만들어낸다.

비즈니스도 요리하는 것과 다르지 않다.
사람들을 만나 부딪치고 조율하며,
서로를 이해해가는 과정에서 성과가 만들어진다.
물론 온전히 똑같을 수는 없겠지만,
따라할 수 있는 사업 레시피가 있다면
실패의 위험 부담도 줄어들 것이다.

옆집 말고
세상을 보라
:

사업을 하려면 스스로를 우물 안에 가두어서는 안 된다.

남들보다 앞서 나가기 위해서는 바로 옆의 경쟁자를 의식하기보다

멀리 앞서 있는 경쟁자를 바라보고 분석해야 한다.

그래야 새로운 길을 만들어나갈 수 있다.

과거에는 어떤 기업(삼성, 현대 같은)에서 만들었는지가 중요했다면, 앞으로는 브랜드가 중요해지는 시대다. 1인 기업이라도 어떤 가치를 담아 브랜딩을 하느냐에 따라 성공이 좌우되는 것이다. 진입 장벽이 낮은 푸드 비즈니스 업계에서도 브랜딩은 중요한 요소다.

2004년, 4평짜리 레스토랑을 인수한 뒤 고민 끝에 식당을 준비하던 나와 남편은 인테리어를 끝내놓고, 그 좁은 공간에 몇 개의 테이블을 놓을 것인가를 두고 치열하게 싸웠다. 남편은 프라이빗한 공간이 필요하다며 테이블과 테이블 사이 간격을 넓히려고 했고, 경영학도였던 나는 작은 레스토랑에서 수익이 나려면 하나라도 테이블을 더 놓아야 한다고 주장했다. 테이블 사이의 공간은 몇 cm였지만, 좀처럼 좁혀지지 않는 의견 차이를 두고 우리는 잠시 휴전하기로 했다.

"우리 여기서 데이트하면서 참 좋았는데…. 다른 사람들도 이곳에서 데이트할 수 있으면 좋을 텐데…."

알콩달콩 데이트하던 때를 떠올리며 대화를 나누던 우리 두 사람은 그 순간 벌떡 일어나 완성된 인테리어를 모두 뜯어냈다. 그때까지 들인 인테리어 비용이 하나도 아깝지 않았다고 하면 거짓말이겠지만, 새로운 아이디어에 우리는 둘 다 흥분해 있었다. 이렇게 탄생한 것이 국내 최초의 원테이블 레스토랑 '인뉴욕'이다.

누구의 방해 없이 둘 만의 데이트를 즐길 수 있는 공간. 프러포즈를 할 수도 있고, 특별한 날을 기념할 수도 있고, 은밀하게 서로의 추억을 만들 수 있는 공간이라는 콘셉트에 남편과 내가 공감한 것이다. 그렇게 인뉴욕은 한순간에 유명해졌다. 돈이 없어 4평짜리 공간에서 도시락을 싸 와 나누어 먹어야 했던 가난한 커플은 갑자기 하루에 예약 전화만 100통씩을 받는 핫한 레스토랑의 사장이 된 것이다.

코스 요리 위주인 인뉴욕에 슬슬 질려갈(?) 때쯤 나는 점잖을 떠는 대신 내 성격에 어울리는, 남녀노소 가리지 않고 찾을 수 있는 캐주얼한 레스토랑을 오픈하고 싶어졌다. 그렇게 해서 생겨난 것이 그랑씨엘(2005년)이다. 그리고 몇 년 후 '브런치'라는 개념이 우리나라에서 아직 잘 알려지지 않았던 때 문을 연 곳이 브런치 카페 마이쏭(2009년)이다.

비슷비슷한 것 같은 식당 속에서 돋보이기 위해서는 분명한 콘셉트가 필요하다. 이미 흔해져버린 그런 콘셉트가 아니라 인상적인 '한방'이 있어야 한다. 그러기 위해서는 남들보다 한발 앞서가야 하고, 좀 더 시야를 넓게 가질 필요가 있다.

젊은 패기로 도전했던 레스토랑이 성공하고 어느 정도 안착을 한 뒤, 남편과 나는 뉴욕으로 여행을 떠났다. 처음 뉴욕을 찾은 나는 뉴욕의 매력에 완전히 매료되었다. 내가 사는 세상과는 전혀 다른, 별천지였다.

나는 우리나라 사람들만 부지런한 줄 알았는데, 뉴욕의 새벽은 한국보다 훨씬 더 빠르고 부지런했다. 당시만 해도 한국의 식당은 11시가 지나야 문을 열었다. 스타벅스도 10시가 되어야 문을 열 때였다. 그런데 뉴욕은 새벽 5시가 되면 가게들이 분주하게 오픈 준비를 하며 아침을 깨웠다. 열기가 뿜어져나올 정도로 열심히 일하면서도 여유를 즐기는 뉴요커의 모습을 본 뒤부터 나는 포털 사이트에 비즈니스 섹션과 전 세계 팜(Farm)과 푸드 동향 등을 걸어놓고, 지속적으로 선진국들의 문화를 살피기 시작했다. 뉴욕에서 일어나는 일들에 대한 비즈니스 칼럼을 꼬박꼬박 챙기며 어떤 식문화가 생기고 인기를 끄는지, 제이미 올리버 같은 스타 셰프들이 어떤 사업을 벌여서 주목을 끌고 성공하는지 등을 주의 깊게 살폈다.

그렇게 관심을 가지고 트렌드를 살피다 보니 페이스북, 인스타그램, 핀터레스트 같은 것도 남들보다 1~2년 이상 먼저 접하게 되고, 블루 에이프런이나 헬로우 프레시 같은 밀 키트 시장의 흐름도 자연스럽게 알게 되었다. 남들보다 먼저 좋은 아이디어를 얻고, 많은 것을 배울 수 있게 된 것이다.

"대표님, 우리 레스토랑 옆에 또 이탈리안 가게가 생겼어요."

가끔 직원이 소란을 피울 때마다 나는 이야기한다.

"잘됐네. 이 동네에 그런 레스토랑이 많이 생기면 이탈리안 식당가로 소문도 날 테고, 그럼 사람도 많이 찾아오겠지."

"대표님, 또 프렙을 따라하는 곳이 생겼어요."

그럴 때도 나는 이야기한다.

"우리가 잘하고 있다는 뜻이야. 신경 쓰지 말고 더 열심히 하자."

한때 '블루오션(blue ocean)' 열풍이 인 적이 있다. 경쟁자가 없는 아이템을 개발하기 위해 사람들은 고군분투했다. 그러나 현대 사회에서 경쟁은 피할 수 없는 구조다. 특허 출원을 해도 반짝 효과를 볼 뿐, 유사 상품은 등장한다. 애플의 아이폰 이후 삼성, 샤오미, 하웨이 등이 등장하며 시장을 야금야금 갉아먹고 있는 형세와 같다.

카피하기 쉬운 분야는 특히 심하다. 매년 파리, 밀라노, 뉴욕 등 시즌 패션쇼가 개최되자마자 시장에는 짝퉁이 넘쳐나고, 장사가 잘되는 신종 아이템은 사람들이 귀신같이 알아내고, 바람처럼 퍼져나가 금세 포화 상태가 된다.

푸드 비즈니스도 마찬가지다. 지금도 수많은 경쟁자가 있지만, 더 많은 경쟁자가 나타날 것이다. 이런 치열함 속에서 견뎌낼 수 있는 비법이란 무엇일까?

나는 솔직히 내 일, 내 사업 이외에는 국내에서 어떤 일이 벌어지든지 전혀 관심이 없다. 인뉴욕이 주목을 받으면서 다른 원테이블 레스토랑이 생겨나고, 그랑씨엘의 엔초비오일파스타가 인기를 끌면서 엔초비오일파스타를 다루는 곳도 많이 생겨났다. 내게는 그걸 막을 힘도, 막고 싶은 생각도 없다.

경쟁자가 왜 생겼냐고, 왜 나를 따라 하느냐고 비난하거나 불만을 가지기보다 앞으로 내가 무엇을 해야 할지 고민하고 공부하는 것이 더 필요하다고 생각하기 때문이다.

사업을 하기 위해서는 이런 긍정적인 마인드가 필요하다. 그리고 남들보다 먼저 한발 앞서 열심히 세상을 헤쳐나가야 한다. 사업이란 이런 것이다. 경쟁자가 생기는 것을 걱정할 에너지를 모아 좀 더 생산적인 곳에 쏟아부어야 한다. 이런 마인드라면 레스토랑뿐만 아니라 어떤 비즈니스를 시작하더라도 걱정은 없을 것이다. 마음의 준비가 제대로 되어야 실행에 옮길 수 있기 때문이다.

살아남아야 강한 기업이다.
유사 업종과의 차별화 전략

1 나만의 컬러를 분명하게 하라

앞으로는 기업보다 브랜드의 가치가 더 중요해지는 세상이다. CEO가 어떤 가치를 브랜드에 담아 소비자에게 전달하느냐에 따라 그에 공감하는 사람과 추종하는 사람이 늘어날 것이다. 하나하나 디테일한 부분까지 CEO의 가치가 담길 수 있도록 한다.

2 시그니처 메뉴를 개발하라

프리젠테이션의 달인 스티브 잡스, 투자의 귀재 워렌 버핏처럼 성공한 사람에게는 그 사람을 대표하는 한 줄의 이미지가 있고, 셰프에게는 자신을 대표하는 시그니처(signature) 메뉴가 있다. 그와 마찬가지로 성공한 가게 역시 가게를 대표하는 시그니처 메뉴가 있어야 한다. 사람들 입에서 입으로 회자될 수 있는 메뉴를 개발한다.

3 소비자 의견에 귀를 기울이고, 행동하라

'낮말은 새가 듣고 밤말은 쥐가 듣는다'는 것처럼 소비자는 어디선가 항상 지켜보고 있다. 특히 SNS가 발달하면서 소비자는 기업을 망하게도 하고, 흥하게도 할 수 있는 중요한 요소가 되었다. 소비자의 의견에 귀를 기울이고, 즉각 반응해야 한다. 소비자는 기업을 떠받치는 기둥과 같다.

4 옆집은 중요하지 않다. 우리 집에 집중하라

결코 부정할 수 없는 무한 경쟁의 시대다. 신제품이 출시되면 그와 동시에 짝퉁이 생겨나고, 장사가 잘되면 똑같은 아이템이 바로 옆에 생겨난다. 하지만 옆집에서 무슨 일을 하든 그곳에 신경 쓸 에너지를 모아 우리 집이 어떤 방향으로 나아가야 할 것인지에 대해 고민한다. 옆집 아들이 서울대학교에 들어갔다고 배 아파하지 말고, 우리 집 아들이 하버드에 들어가 옆집이 배가 아프도록 만드는 전략을 짜야 한다.

5 멀리 보고, 넓게 보라

미국이나 유럽, 일본 등 선진국의 문화에 관심을 기울이도록 한다. 선진국이 먼저 움직이고, 그 문화가 한국으로 들어온다. 평소 선진국의 비즈니스 동향에 지속적인 관심을 가지고, 움직임을 계속 파악하다 보면 그곳에서 아이디어를 얻을 수 있다. 국내 시장만 바라보며 '우물 안 개구리'가 되거나 '도토리 키 재기' 식의 비교는 무의미하다.

My Story를
담아라
:

네이밍은 어렵다.

하지만 생각을 달리하면 쉬운 일이기도 하다.

'단순한 것이 좋다'라는 원칙을 지키며 내가 경험한 이야기,

내가 아끼고 좋아하는 이야기를 담으면 되기 때문이다.

"여기가 왜 '마이쏭'인지 알아?"

상대방에게 알리고자 하는 바를 설득력 있게 전달하기 위해서는 스토리텔링(storytelling)이 필요하다. 많은 사람이 식당이나 회사명을 지을 때 어려워하지만, 스토리텔링처럼 자신의 스토리를 이름에 녹여내는 것이야말로 가장 좋은 네이밍(naming)이라고 생각한다. 주변에서 레스토랑 이름을 칭찬하며 어떻게 네이밍을 했는지 궁금해하는 사람이 많다.

'간단하면서도 쉬워야 한다.'

내가 생각하는 네이밍 철칙은 쉬워야 한다는 것이다. 그래야 기억하기 쉽다. 그리고 짧아야 한다. 아무리 잘 아는 단어라도 길면 임팩트가 줄어들 수 있기 때문이다.

프랭크 시나트라의 '뉴욕, 뉴욕' 곡이 가득 흘러넘치는 것 같은 뉴욕의 사랑스러운 느낌을 살리고 싶었던 나는 원테이블 레스토랑의 이름을 '인뉴욕(in New York)'이라고 지었다. 캐주얼 레스토랑을 오픈하기 위해 장소를 물색하던 중 천장이 높은 지금의 그랑씨엘 내부를 보고는 내가 좋아하는 영화인 〈그랑블루(Le Grand Bleu)〉를 떠올렸고, 그것을 차용하기로 했다. 넓고, 높다는 의미의 그랑(Grand)에 하늘을 의미하는 'Ciel'을 붙인 것이다. 자음인 'o'이 중복되어 들어가면 발음이 경쾌해지고 밝은 느낌이 난다는 것도 염두에 두었다. 브런치 카페 '마이쏭'은 그야말로 나의 이야기가 고스란히 담긴 이름이다. 포토그래퍼 출신인 남편은 여행을 갔을 때 나를 몰래 찍어 프러포즈 때 내 모습이 담긴 앨범을 선물했다. 그 앨범 이름이 내 이름의 가운데 '송'을 살짝 바꾼 '마이쏭'이었다. 우리 부부의 연애 감정이 담겨 있을 뿐만 아니라 누구나 알 수 있는 '나의 노래'라는 뜻으로도 받아들여질 수도 있지 않을까. 귀여운 어감이 브런치 카페와 너무나 잘 어울린다고 생각한 나는 카페 이름을 마이쏭이라 했다.

레스토랑의 이름은 쉽게 지었지만, 가정간편식 배송 사업인 '프렙(prep)'의 이름을 지을 때는 고민이 많았다. 후보군에는 식료품 저장고를 의미하는 '펜트리(pantry)', '셰프쏭', '쿠킷(cook kit)' 등이 있었지만, 내가 원하는 사업의 의미를 포함하고 있지는 못했다.

나는 단순히 식자재 배송만을 위해 사업을 시작한 것이 아니다. 요리에 필요한 음식, 도구, 데코 등 주방에서 일어나는 모든 일을 도와주는 브랜드를 준비 중이었다. 집집마다 저장고를 가지고 있는 외국인이라면 펜트리라고 하면 다 알지만, 우리나라 사람들에게는 낯선 단어였고, 셰프쏭은 의미 전달이 불분명했다. 밀 키트(meal kit)에서 변형한 쿠킷은 후보군에서 탈락했지만, 프렙 설립 이후 실제 대기업에서 나온 브랜드 이름으로 사용되기도 했다.

오랜 고민 끝에 결정된 '프렙(prep)'은 '준비(preparation)'의 줄임말로 실제 주방에서 사용되는 말이기도 하다. 더 중요한 것은 내가 하고자 하는 사업의 의미를 가장 잘 반영하는 이름이기도 했다.

기업의 이미지를 나타내는 CI(Corporate Identity)도 마찬가지다. 심플한 것이 오래 가고 질리지 않는 법이다. 살바도르 달리와 친구였던 추파춥스 사장은 식사를 하며 달리에게 "100년이 지나도 질리지 않는 로고를 만들어 달라"고 주문했고, 달리가 그 자리에서 냅킨에 쓱쓱 그려준 것이 지금의 막대사탕 추파춥스의 로고다.

식자재, 주방과 관련한 브랜드인 프렙에도 이 법칙을 적용했다. 식품이기 때문에 깔끔하게 똑 떨어져야 한다고 생각한 것이다. 그래서 식품을 나타내는 올리브 컬러를 사용했고, 청결하고 심플한 느낌의 간결한 영문을 택했다.

좋은 이름이란 기억하기 쉬운 이름이란 말이 있다. 쉬워야 자주 부르게 되고, 자주 불려야 오래도록 남는다. 당장 화려하고 자극적인 것보다 오래 두고 보아도 질리지 않아야 한다. 나만의 스토리를 담아 어떤 콘셉트로 네이밍할지는 새로운 사업을 시작할 때마다 기대하게 되는 즐거움이기도 하다.

시작했다면
끝까지 간다
:

사업을 하려면 속된 말로 단순 무식한 것이 제일 좋다.

생각이 많으면 시행하기 어렵고,

고민이 깊으면 결론이 나지 않는다.

처음 자신감을 가지고 시작했다면

세상이 받아들일 때까지, 끝까지 가야 한다.

"맛이 없으면 돈을 받지 않겠습니다!"

아무리 맛있는 요리라도 대중성이 없다면 푸드 비즈니스의 성공을 가늠하기 어렵다. 하지만 정말 자신 있다면 결코 포기해서는 안 된다.

그랑씨엘의 시그니처 메뉴는 '엔초비오일파스타'고, 가장 인기 있는 메뉴이기도 하다. 유럽에서는 즐겨 먹는 음식이지만, 2005년 당시 멸치젓과 비슷한 엔초비는 우리나라에서 생소한 음식이었다. 멸치젓으로 만든 파스타라고 하면 뭔가 먹기 전부터 비릿한 느낌이 든다. 하지만 엔초비오일파스타의 맛은 환상적이다. 10년 넘게 이 파스타를 먹고 있는 남편은 아무리 먹어도 결코 질리지 않는 맛이라고 극찬하는 요리이기도 하다. 하지만 선입견을 가지고 있는 사람들에게 아무리 맛있다고 설명해도 먹어보지 않았기 때문에 선뜻 주문하기를 주저하는 경우가 대부분이었다. 결국 식상하지만, "맛이 없으면 돈을 받지 않겠습니다!"라고까지 하며 손님들을 독려한 메뉴이기도 하다. 하지만 일단 맛을 보고 나면 그릇은 빌 수밖에 없다. 그만큼 맛에는 자신이 있었던 것이다. 만약 손님을 설득해서 먹어보게 만들지 못하고 그냥 포기했더라면 지금의 그랑씨엘은 없었을 것이다.

브런치 카페 마이쏭도 마찬가지다. 마이쏭의 콘셉트는 분명했다. 우리나라에 소개되지 않았던 두 가지, 브런치와 레드벨벳 케이크(red velvet cake)였다. 마이쏭은 석 달 만에 목표 매출을 달성하며 지금까지 유지되고 있지만, 레드벨벳 케이크는 달랐다. 폭신하면서 입

안에서 사르르 녹는 케이크를 기대하고 있는 사람들에게 코코아가
루를 사용한 거칠고 묵직한 뉴욕 스타일의 케이크를 이해시키기는
쉽지 않았다. 아니, 레드벨벳을 몰랐기 때문에 주문 자체를 하지 않았
다. 하지만 나는 결코 포기하지 않았다. 대신 다른 방법을 사용했다.
바로 '맛있죠' 전략이다.

　일단 손님들에게 서비스로 케이크를 내놓는다. "뉴욕 스타일 케
이크인데, 한번 드셔보세요."라고 권하는 것이다. 그리고 먹고 난 뒤
확인을 한다. 이때 질문이 중요하다. "맛있었나요?", "맛이 괜찮던가
요?"라고 물어봐서는 안 된다. "맛있죠?"라며 단호하게 물어봐야 한
다. 맛있다는 확신을 가지고 물어보는데, 맛이 없다고 대답하는 사람
은 거의 없다.

　"네"라는 답이 돌아오면 그때 "레드벨벳은요, 미국 가정의 홈메이
드 스타일의 케이크로~"라며 이 음식이 왜 맛있는지, 왜 꼭 먹어봐야
하는지를 설명한다. 이렇게 1년 동안 공을 들이고 나서야 레드벨벳
케이크는 마이쏭의 히트 상품이 됐다. 마이쏭에서 시작된 레드벨벳
붐은 여기저기 퍼져나가 지금은 많은 디저트 카페에서 인기 메뉴로
자리 잡았다.

　'맛있죠' 전략은 사람들의 심리를 이용한 것이다. "맛있었나요?"와
"맛있죠" 두 가지 질문 방식을 모두 써보았지만, 반박할 수 없는 말을
썼을 때 사람들은 더 맛있는 음식이라는 생각이 뇌리에 박힌다는 것
을 알 수 있었다. 단언을 하고 물어볼 때 "맛없어요"라고 대답하면 왠
지 내 입맛이 촌스럽다고 느끼지 않을까, 생각하는 사람들의 심리를

이용한 것이다. 이 음식을 먹어봐야 트렌드세터라고 이야기할 수 있고, 이 정도는 알아야 음식에 대한 수준이 업그레이드된다는 인식을 이용한 것이다.

한마디로 '맛있죠' 전략은 "넌 이것도 안 먹어봤니?"라는 인간의 허영심을 자극하는 방법인 것이다. 그랑씨엘과 마이쏭에서 엔초비오일 파스타와 레드벨벳 케이크를 먹어보았던 사람들이 친구들을 데리고 와서 그 메뉴에 대해 설명하고 있는 장면은 종종 레스토랑에서 목격할 수 있었다.

나는 보편적인 것, 누구나 아는 것보다 새로운 것, 좋은 것을 사람들에게 소개하는 것이 즐겁고 기쁘다. 세상에는 일반인이 모르는 맛있는 것이 너무 많다. 기회는 무궁무진하다. 물론 너무 앞서나가면 일반인들이 받아들이기 힘들기 때문에 적당히 그 시기를 조율해야 하겠지만, 열심히 한다면 기회는 무궁무진한 것이 푸드 비즈니스 세상이다.

그래서 사업에서는 자신감이 중요하다. 끝까지 밀어붙일 수 있는 파워가 있어야 한다. 마이쏭의 '수요 브런치 뷔페'도 1년이라는 짧지 않은 기간을 통해 인기 있는 하나의 프로그램으로 만들어놓은 케이스다.

마이쏭의 전체 매출을 놓고 보니 수요일의 매출이 가장 떨어졌다. 어떻게 매출을 올릴까 고민하다 수요 뷔페를 만들었다. 뷔페 서비스를 시작하고, 한동안은 손님이 거의 없었다. 하지만 결코 포기하지 않왔다. 자신이 있었고, 결국은 입소문을 타고 퍼지는데 시간이 걸릴 것이라고 믿었기 때문이다.

1년 가까이가 지난 뒤 차츰 손님이 늘면서 웨이팅이 걸리기 시작하더니 결국 성공할 수 있었다. 지금 마이쏭의 수요일 키워드는 뷔페다. 연차를 내고 왔다는 손님도 많고, 일요일에도 뷔페를 해달라는 요청이 수도 없다. 만약 손님이 없다고 한두 달만 하고 말았다면 지금과 같은 현상은 없었을 것이다.

나는 사업에서는 때로 단순 무식한 것이 가장 좋다고 생각한다. 생각을 많이 하면 행동을 할 수 없고, 고민이 많으면 결론이 나지 않는다. 일단 밀어붙이고 보는 것이다. 물론 내가 이렇게 할 수 있는 이유는 다른 곳에서 이익이 나기에 버틸 수 있기 때문이기도 하다. 하지만 자신이 있다면 함부로 접거나 바꾸는 것은 결국 자충수가 될 수밖에 없다. 어떤 일에도 좀 더 자신의 신념과 식견에 자신감을 가지고, 버틸 수 있는 힘을 키워야 할 것이다.

0순위는 맛
100번의
테스팅
:

푸드 비즈니스의 기본은 '맛'이다.

그 맛은 수많은 테스트에서 만들어낼 수 있다.

아마추어와 프로의 차이는 결국 시간 투자다.

얼마나 많은 시간 동안 노력했느냐에 따라

결과는 분명하게 나누어진다.

푸드 비즈니스에서 가장 먼저 고려해야 할 것은 무엇일까? 고민할 필요도 없이 당연히 '맛'이다. 사실 맛은 순위에도 들지 않는다. 왜냐하면 푸드 비즈니스의 기본이기 때문이다. 그래서 나는 '맛'은 1순위도 아닌 0순위여야 한다고 강조한다. 앞서도 이야기했지만, 맛의 기준은 사람마다 다 다르기 때문에 모든 사람에게 맛있는 요리를 하려고 애쓸 필요는 없다. 셰프인 내 입맛에 맞는 요리를 하고, 그 맛을 무조건 좋아하는 사람을 모아야 한다. 그래야 푸드 비즈니스의 중심이 흔들리지 않고, 오래 갈 수 있다.

망하는 레스토랑을 보면 서서히 징조가 나타난다. 그 첫 번째는 콘셉트가 바뀌는 것이다. 처음 오픈할 당시의 콘셉트를 유지하지 못하고, 조금씩 바뀌기 시작한다. 이는 내부적으로 문제가 있다는 것을 나타낸다. 장사가 안 되니까 이렇게도 해보고 저렇게도 해보다가 결국 뷔페까지 흘러가다 망하는 경우를 곧잘 보았다. 푸드 비즈니스에서 성공하기 위해서는 자신의 입맛에 자신이 있어야 한다. 그리고 절대 흔들리지 않아야 한다.

문제는 돈을 받고 파는 음식을 얼마나 맛있게 만드느냐이다. 집에서 가족들이나 지인들과 먹는 음식과 비즈니스 차원의 요리는 확연히 다르다. 취급하는 재료도 다르고, 맞이하는 손님의 숫자도 다르다.

점심 시간에는 손님이 한꺼번에 수십 명이 몰린다. 이럴 때 맛이 왔다 갔다 해서는 곤란하다. 대충 맛있는 것을 만드는 것도 프로라면 용납해서는 안 된다. 레스토랑에서 밥을 먹을 때는 식사하는 동안 첫맛과 끝 맛이 똑같이 맛있을 수 있도록 해야 하고, 쿠킹박스를 만들 때

도 간단하게 요리할 수 있되 셰프의 맛을 느낄 수 있도록 연구해야
한다.

　남편과 나는 1년에 한 번은 꽤 오랜 기간 동안 해외여행을 한다. 외
국에서 새로운 음식도 먹어보고, 트렌드도 살피는 일종의 요리 투어
다. 특이한 것은 숙소를 찾을 때 아파트처럼 요리를 할 수 있는 공간
으로 알아본다는 점이다. 언제든지 직접 요리해볼 수 있어야 하기 때
문이다.

　현지 레스토랑에서 음식을 맛보고 마음에 드는 것이 있으면 그때
부터 레시피를 연구하기 시작한다. 서점에서 책도 보고, 재료를 사서
직접 요리를 해본다. 먹어본 음식과 같은 맛이 날 때까지 계속 레시피
를 바꿔가면서 테스트를 한다. 그렇게 해서 레시피가 완성되면 한국
에 돌아와서 다시 레시피를 만든다. 물, 밀가루, 소금 등 외국에서 사
용하는 재료와 우리나라 재료의 맛이 다르기 때문이다. 그렇게 또 테
스트하고 테스트해야 나만의 메뉴 한 가지가 탄생한다.

　어떻게 그렇게 할 수 있냐고 사람들은 깜짝 놀라지만, 생각해보면
특별할 것도 없다. 요리에 들어가는 재료라고 해봐야 한정되어 있기
때문이다. 한식이라면 된장, 고추장, 고춧가루, 마늘, 파, 간장, 깨, 후
춧가루 등이 전부다. 우리가 모르는 재료는 없다. 우주에서 떨어진 별
난 재료가 아니라면 대부분 일반인도 구할 수 있는 재료들이다. 없는
것에서 새로운 것을 창조하는 것이 어렵지, 있는 것을 가지고 만드는
것은 어려운 일이 아니다.

프렙의 쿠킹박스 메뉴도 마찬가지다. 오너 셰프인 내가 있기 때문에 메뉴 자체를 개발하는 것은 어렵지 않다. 문제는 쿠킹박스는 레스토랑의 주방에서 요리하지 않는다는 점이다. 레스토랑과 일반 가정의 주방은 기본적인 구조부터 다르다. 불의 세기도 다르고, 도구도 다르며, 베테랑인 셰프도 없다. 그렇기 때문에 일반인들, 소비자의 관점에서 메뉴를 개발해야 한다.

이런 숙제를 풀기 위해 프렙은 메뉴를 개발한 뒤 레시피를 '요리 초보자'들에게 주고 만들어보게 한다. 일반인들이 제대로 따라하지 못하면 다시 레시피를 조정한다. 그리고 다시 초보자들에게 건네 요리를 하게 만드는 과정을 되풀이한다. 프렙의 경우는 메뉴 개발보다 이 과정이 훨씬 더 오래 걸린다. 이런 테스트 과정에서 빠트려서는 안 되는 것이 있다. 일반 가정에서 사용하는 화력으로 테스트해야 한다는 점이다. 캠핑용 버너 같은 도구는 화력이 제각각이기 때문에 맛에 차이가 날 수 있지만, 일반 가정에서 쓰는 가스레인지로 테스트를 하기 때문에 맛에 오차가 날 수 없다.

이뿐만이 아니다. 프렙의 쿠킹박스는 이미 출시된 메뉴도 어떤 점이 어려웠는지 등 후기를 받아 한 달마다 지속적으로 업데이트를 한다. 좀 더 쉬운 방법을 찾는 등 다양한 시도를 하는 것이다.

나는 요리 천재가 아니다. 어렸을 때부터 아버지를 위해 요리하는 엄마를 옆에서 도왔기 때문에 다른 사람보다 요리가 좀 더 익숙하고 친숙할 뿐이다. 요리의 시작은 사랑하는 사람을 위해 소금으로 간하고, 고기를 굽고, 허브를 첨가하는 과정에서, 꿀을 넣어보기도 하면서 더 맛있게 만드는 방법을 알아가는 과정에서 생겨난 것이다. 어떤 요리도 처음부터 맛있는 것은 없다. 수많은 노력과 땀이 배어 있다. 거기에서 결실은 맺어진다.

푸드 비즈니스 성공의 key
메뉴 개발의 원칙

1 푸드 비즈니스의 0순위는 '맛'

위생, 비주얼, 가격, 인테리어 모두 중요하지만, 푸드 비즈니스의 핵심은 '맛'이다. 맛은 너무 중요해서 순위에 올릴 수도 없다. 기초 중의 기초, 바탕 중의 바탕, 그래서 맛은 0순위다. 맛있다고 소문이 나면 산골이라도 찾아가는 것이 사람의 심리다. 다른 그 무엇보다 맛에 집중해야 한다.

2 내 입에 맛있는 것을 만들어라

사람의 입맛은 제각각이다. 세계적인 레스토랑 평가서 미슐랭가이드 3스타 레스토랑의 셰프 요리도 자기 기준에 맛이 없으면 맛이 없는 것이다. 100명이면 100명, 모든 사람을 만족시키겠다는 욕심을 버려야 한다. 다른 사람의 말에 귀를 기울이다 보면 음식의 맛이 흔들릴 수밖에 없다. 내 입에 맛있는 음식을 만들고, 그를 지지하는 충성 고객을 만드는 것이 푸드 비즈니스 업계에서 장수할 수 있는 비결이다.

3 적당한 재료로 최고의 맛을 찾아라

최고의 셰프조차 개인 레스토랑을 냈을 때 망하는 이유는 경영 수완이 없기 때문이다. 오너 셰프라면 수익에 대한 개념을 세워야 한다. 최상의 재료를 써서 맛있는 음식을 만드는 것은 케이블카를 타고 산을 오르는 것과 같다. 적당한 재료를 써서 최고의 맛을 낼 수 있는 방법을 찾아야 한다. 레스토랑 오너로서 성공하고 싶다면 셰프가 아닌, 사업가의 기준에서 메뉴를 개발해야 한다.

4 테스트, 테스트, 또 테스트하라

제빵사들은 케이크 하나를 개발하기 위해 수백 번 케이크를 굽는다. 설탕, 밀가루, 굽는 시간 등 경우의 수를 대입해 가장 맛있는 케이크를 만들기 위해서다. 메뉴를 개발할 때는 수많은 테스트를 거쳐 최고의 맛을 찾아야 한다. 여기서 최고의 맛이란 소비자가 먹는 시간을 감안해 처음 입에 넣었을 때와 마지막 숟가락을 내려놓을 때까지를 의미한다. 그것이 아마추어와 프로의 차이다. 음식은 재료는 물론 물, 소금 등에 의해서도 미묘하게 맛 차이가 난다. '이 정도면 충분해'가 아니라 '더 나은 맛이 있을 것'을 고민해야 한다.

5 멈추지 말고 업데이트하라

날고기를 먹던 인류가 불을 발견해 고기를 굽고, 소금을 뿌리게 된 이후 요리는 지속적으로 발전해왔다. 트렌드가 변하는 것처럼 사람들의 입맛도 변한다는 것을 잊지 말아야 한다. 같은 메뉴라도 관심을 가지고 연구해서 끊임없이 업데이트시켜야 손님들에게 외면받지 않는다. 트렌드의 변화에 민감해지기 위해서는 많이 다니면서 보고 듣고 먹어 보아야 한다. 오너 셰프라면 절대 주방 속에 자신을 가두지 말자.

능력껏
수완껏
:

요리만 잘한다고 성공할 수 있는 게 아니다.

경영도 해야 하고, 회계도 해야 하고,

영업도 해야 하고 홍보도 해야 한다.

푸드 비즈니스에서는 여러 가지 역할이 모두 요구된다.

"남는 것도 없어요. 원가보다 싸게 파는 거예요."

　남는 것 없는 장사란 없다. 거짓말이다. 정말 남기지 못하면 그건 망하는 것이다. 장사란 결국 남기기 위해서 하는 것이다. 그렇다면 수익은 어떻게 해야 낼 수 있을까? 오너가 열심히 경영의 수완을 발휘해야 한다.

　식당과 카페 같은 요식업은 진입 장벽이 낮아 창업 비율이 높기도 하지만, 5년 이내 생존율이 10%도 채 되지 않는다. 경쟁률이 높기도 하지만, 고객 대응은 물론 식자재 검수부터 재고 관리, 직원 관리, 위생 관리 등 여기저기서 만만치 않은 복병을 만난다.

　이탈리안 레스토랑은 식자재를 받는 곳만 30~40군데로 이 많은 곳을 모두 관리해야 한다. 또 매달 매출 대비 들어가고 나간 내역을 확인하고 평소보다 식자재를 많이 썼으면 그 이유를 파악하고 대책을 마련해야 지출이 새나가는 것을 막을 수 있다. 이런 수동적인 대응 외에 매출을 올리기 위한 적극적인 대응도 필요하다.

　원테이블 인뉴욕은 레스토랑 자체를 2시간 동안 통째로 빌릴 수 있다. 보통 평일 동절기에는 3타임, 하절기에는 4타임을 돌리고, 주말에는 하루 종일 7타임을 돌린다. 오너 셰프 혼자서 운영하기 때문에 인건비도 별도로 들어가지 않는 구조라 예약이 들어오면 들어오는 대로 아니면 아닌 대로 운영했어도 이익이 많이 남았을 것이다. 하지만, 남편과 나는 머리를 맞대고 여러 가지 궁리를 했다. 점심에는 라이트한 메뉴와 가격대로 조정해 운영하고(가격대를 낮추면 대학생

COOK하다 **101**

도 이용한다), 하절기의 마지막 타임은 너무 늦은 시간대라 식사 대신 와인 타임으로 진행하는 등 프로그램을 계속 바꿔가면서 소비자들의 입맛을 맞추며 이익을 극대화했다.

'식자재 값의 인상으로 부득이 가격을 인상했습니다. 양해 바랍니다.'

레스토랑의 딜레마 중 하나인 가격도 민감한 사안이다. 물가는 올라가는데 가격을 올리면 단골의 저항감이 있다. '솔직하게 값을 올려 미안합니다' 라고 표현하는 방법도 있다. 그리고 재료를 조정해 단가를 낮춰볼 수도 있다. 아니면 어쩔 수 없이 손님이 알아채지 못하게 조금씩 올릴 수도 있다. 그도 아니면 가격을 올리는 만큼 합당한 가치를 만들어 가격을 올려도 손님들이 지갑을 열게 만들 수도 있다. 이 모든 것을 때에 따라 상황에 맞춰 오너가 결정하고 시의적절하게 대응해야 한다.

그렇다면 가격에 맞는 합당한 가치란 어떤 것일까? 인뉴욕을 예로 들면 단순히 장소와 음식을 제공하는 레스토랑이 아닌 여자친구를 위한 데이트 코스를 기획한 적이 있다. 남자친구가 앞치마를 두르고 여자친구를 위해 직접 요리를 해주는 것이다. 가장 간단한 스테이크를 구워주는 이벤트였음에도 남녀 모두 만족도는 아주 높았다. 남자는 여자친구 앞에서 멋진 셰프가 되고, 여자는 남자친구에게 전적으로 대접받는 황홀감이 있던 것이다. 이처럼 돈 이상의 가치를 제공하면 사람들은 기꺼이 지갑을 연다.

음식의 양도 식당을 운영하는 전략 중 하나가 될 수 있다. 엄마는 집에 찾아오는 손님은 부족하지 않게, 푸짐하게 대접하는 것이 예의라고 하셨다. 그 말이 맞다.

하지만 레스토랑 손님은 집으로 초대하는 손님과 개념이 완전히 다르다. 그렇기 때문에 한 그릇을 두 그릇처럼 무조건 많이만 제공해서는 곤란하다. 아쉬우면서도 배부르게 먹을 수 있는 양을 찾아내야 한다. 양이 너무 적어도 문제지만, 아쉬울 것 없이 너무 많이 먹어도 손님들이 두 번 찾지 않기 때문이다. 이것이 바로 사업이다.

식당 운영도 이처럼 만만치 않은데, 가정간편식 배달 사업은 식당 운영의 최소한 10배쯤 더 힘들다. 식품법에 대해 잘 모르는 사람은 집 혹은 레스토랑 주방에서 만들어 배송하면 되는, 쉬운 일로 생각한다. 하지만 그렇게 대충 일해서는 큰일 난다.

가정간편식 배송업은 일반 요식업과 많이 다르다. 식자재를 배송하려면 재료마다 식품 인증을 받아야 한다. 그것도 요리에 들어가는 재료 하나씩 인증을 받아야 한다. 예를 들어 된장찌개라면 고기, 감자, 양파, 호박 등 각 품목 하나하나의 인증을 받아야 하는 것이다. 식품 인증을 받으려면 비용도 만만치 않다. 한 품목당 100만 원이 든다. 바꾸어 말하면 신 메뉴 하나를 추가하면 유통기한 인증을 받는 데만 300만 원이 훌쩍 넘어가는 경우도 있는 것이다. 게다가 인증을 받는 기간도 서너 달 이상씩 걸리는 까다로운 일이다. 프렙은 이 모든 품목마다 인증을 각각 다 받았다. 기초부터 차근차근 다져두지 않으면 회사가 커졌을 때 문제가 될 수 있다고 판단했기 때문이다.

일반 레스토랑과 달리 가정간편식 배송업이야말로 쉽게 도전할 수 있는 분야가 아니다. 웬만큼 자본을 갖춘 곳도 쉽게 성공하지 못한다. 게다가 식품과 관련한 위생 문제는 점차 까다로워지고 있다. 과거에는 필수가 아니던 식품의약품안전처에서 주관하는 식자재의 위생과 관련한 '해썹(HACCP, 한국식품안전관리인증원)' 인증도 이제는 필수가 되었다. 이처럼 별다른 정보 없이 덤벼들었다가 생각처럼 쉽지 않아 실패하기 쉬운 업종이 바로 배송 서비스다. 어떤 일이나 마찬가지만, 하고자 하는 사업에 대한 정확한 정보를 가진 후 접근해야 한다.

가정간편식 배송업에 대한 비전을 보고 도전장을 내밀었고, 자신도 있지만 설립 3년 차에 접어들었음에도 여전히 갈 길이 멀다. 당장 가격 책정부터 많은 고민을 했다. 그랑씨엘에서 파는 엔초비오일파스타는 약 2만 원이다. 마트에서 파는 간편식 파스타는 4인분에 8천 원 선이다. 그렇다면 셰프의 가정간편식 파스타는 얼마여야 소비자가 수긍할 것인가. 그리고 재료비, 운임비, 인건비 등을 포함해 얼마를 책정해야 이익이 남을 것인가. 이 숙제에 대해 내린 결론이 외식하는 가격의 절반 수준인 18,000원~19,000원(2인분) 선이다. 이 가격이면 쿠킹박스를 합리적으로 소비할 수 있을 것이라 판단한 것이다.

사업에서는 어느 것 하나 허투루 취급할 수 있는 것이 없다. 하나하나가 모두 중요하다. 하지만 그 안에서 기준이 되어주는 단 하나가 있다. 바로 소비자다. 프렙의 인기 상품 중 하나인 콩나물밥을 만들 때도 그랬다. 셰프의 기준에서는 쉬웠지만, 일반인들은 필요로 하는 메뉴였다. 흔들리고 중심을 잃을 때 내가 아닌, 소비자의 기준을 생각한다면 고민의 답이 보일 것이다.

셰프와 소금
그리고
아이덴티티
:

폴란드에는 '소금 한 통을 함께 먹었다'라는 말이 있다.

자주 식탁에 앉아 빵과 소금을 나누며

오랫동안 우정을 지속했다는 재미있는 표현이다.

요리에 빠지지 않는 소금은 이송희라는 셰프의 창업 정신이 깃든,

프렙으로 가는 길목의 첫 번째 제품이다.

다음 중 중세 시대 유럽의 후추 값을 고르세요.

  1) 금 10g 〉 후추 10g

  2) 금 10g ＝ 후추 10g

  3) 금 10g 〈 후추 10g

　답은 3번이다. 1,000년이 넘도록 같은 무게의 금과 후추 중 더 비싼 것은 후추였다. 냉장 시설이 발달하지 않아 아무리 소금에 절인 고기라도 금세 누린내가 날 수밖에 없었던 과거에는 향신료가 절대적으로 필요했다. 서민들은 허브로 고기의 누린내를 제거했지만, 귀족들은 후추의 화려한 맛에 열광했다. 하지만 후추와 소금 중 하나만 요리에 사용할 수 있다고 하면 무엇을 선택할까?

　사냥을 해서 날것으로 음식을 먹던 사람들에게 소금은 기적과 같은 조미료였을 것이다. 인류는 소금 때문에 전쟁을 일으키기도 했고, 교통이 발달하지 않은 과거에는 소금 역시 금값보다 더 비쌀 때도 있었다. 소금이 없었다면, 어떤 음식을 해도 지금과 같은 다채로운 맛의 음식을 즐기지 못했을 것이다. 지금도 소금은 기본 재료를 뺀 향신료 중에서는 가장 기초인 향신료로 꼽힌다.

　엄마는 김장철이 되기도 전부터 소금을 포대자루로 사 오셔서 그릇에 받쳐두셨다. 그렇게 소금을 놓아두면 물이 계속 흘러나오는데, 소금에 든 불순물이 빠져나오는 것이라고 했다. 엄마는 그렇게 간수를 뺀 소금을 써야 김장이 맛있다며 매해 정성을 들이셨다.

엄마에게 소금에 대해 배우기는 했지만, 소금의 중요성을 깨달은 것은 요리를 한 지 10년이 지나서였다. 일반 소금은 끝 맛이 씁쓸하고 입안이 텁텁하지만, 좋은 소금은 끝 맛이 달콤하다. 고기는 좋은 소금만 살짝 뿌려서 먹는 것이 가장 맛있다. 소금이 좋으면 다른 부수적인 것이 필요 없다. 그래서 나는 셰프의 이름을 걸고 제품을 내게 된다면 첫 제품은 소금으로 하리라 생각했다. 그렇게 해서 만들어진 브랜드가 '쏭셰프'로 순전히 소금만을 위한 브랜드다.

소금을 판매하기 위해 거래처를 뚫는 데만 3년이 걸렸다. 요리만 하다 보니 유통이 어떻게 흘러가는지를 전혀 알지 못했고, 겨우 경로를 알았을 때는 거래처에서 쳐다도 보지 않았다. 레스토랑에서 소금을 써봤자 얼마나 쓰겠냐는 것이었다.

소금을 공부하면서 알게 된 것이지만, 우리나라 진남 신안은 유네스코 생물권 보전 지역으로 선정된 염전 중 하나이며, 세계적인 갯벌 염전이다. 크고 작은 섬을 더해 1,004개 섬이 있어 '천사의 섬'으로 불리는 이곳은 이 수많은 섬으로 인해 세계 최고 품질의 소금을 만들어낸다. 섬이 바다의 불순물을 모두 거르는 망 역할을 해 일본에서 원자력발전소가 터져도 전남 신안은 안전하다고 한다. 특히 신안의 갯벌 천일염은 명품 천일염으로 인정받는 프랑스 게랑드(Guerande) 지역의 갯벌 천일염보다 칼륨은 약 3배, 마그네슘은 약 2.5배 더 많은 뛰어난 품질을 자랑한다. 그럼에도 불구하고 신안 소금의 우수성이 잘 알려져 있지 않아 안타까운 마음이 든다.

소금은 오래될수록 맛있다. 그만큼 오래 간수를 했다는 의미이기 때문이다. 3년산도 일반인 기준에서는 아주 좋은 소금이기는 하지만, 8년산을 먹다 보면 그다음에는 3년산을 절대 먹지 못한다. 혀가 맛을 기억하기 때문이다.

지극 정성이면 하늘도 감동한다고 했던가. 끊임없는 구애로 결국 거래처의 승낙을 받아낸 나는 쏭셰프만의 소금 라인을 구축했다. 3년산은 피클이나 배추를 절이는 용도로, 5년산은 요리용으로, 8년산은 스테이크 등 순수하게 재료와 소금 맛을 즐길 수 있는 용도로 구분했다.

소금 판매를 시작하고 폭발적인 인기를 끌었다고는 못하겠다. 처음부터 폭발적으로 팔릴 것이라는 기대도 없었다. 소금에 대한 중요성을 이해하지 못하고, 소금을 만들어내는 수고로움과 그 과정에 대해 모르면 소금이 왜 비싼지를 모르기 때문이다. 그러나 소금이야말로 이송희라는 셰프의 아이덴티티를 직접적으로 나타낼 수 있는 아이템이고, 이름을 건 브랜드의 첫 번째 제품은 반드시 소금이라고 생각했기 때문에 오랜 공을 들여 결국은 '쏭셰프'라는 브랜드를 론칭할 수 있었다.

소금은 선물용으로, 그리고 디스플레이용으로 팔려나갔다. 클래식하면서도 모던한 이미지를 동시에 풍기는 캔의 패키지 디자인이 너무 예뻤기 때문이다. 그리고 지금은 소비자의 편의성에서 접근해 3년, 5년, 8년 천일염 중 가장 뛰어난 단맛과 감칠맛을 가진 8년 숙성 천일염만 따로 패키지를 만들어 판매하고 있다.

전남 신안 천일염이 쏭셰프만의 전유물은 아니다. 많은 곳에서 전남 신안과 거래를 한다. 심지어 거래처에서도 자체 브랜드를 생산한다. 하지만 전남 신안의 소금은 쏭셰프로 와서 우리만의 스타일로, 우리만의 감각으로 작고 예쁘게 포장되어 소비자들에게 소개되고 있다. 처음에는 우리를 쳐다보지도 않았던 거래처에서는 지금 새로운 상품이 나왔다며 써보라고 직접 가져다주는 친밀한 관계가 되었다. 서로 도우며 발전해가고 있는 것이다.

어른들은 '소금 같은 사람이 되어라'고 말한다. 그만큼 소금은 세상에서 없어서는 안 될 재료다. 쏭셰프의 소금은 내가 프렙이라는 브랜드를 만들게 된 기업가정신이 담긴 제품이며, 쏭셰프의 소금이 지속되는 한, 나는 그 초심을 오래도록 기억할 것이다.

대중성을
고민하다

:

카페나 레스토랑을 비롯한 푸드 비즈니스에 있어서

가장 좋은 마케팅 도구는 맛이다.

하지만 아무리 맛있더라도 사람들이 맛보지 않으면 의미가 없다.

그랑씨엘, 마이쏭과 마찬가지로

프렙의 맛을 알리는 일은 나에게 언제나 숙제다.

나는 아침에 꽤 일찍 일어나는 편이다. 원래 어릴 때부터 부모님들이 새벽 5시면 일어나서 움직이는 분들이셨고, 불면증이 있는 탓도 있다. 사업을 하면서 스트레스 때문인지 원래 있던 불면증이 더 심해졌지만, 아침의 에너지를 그대로 받을 수 있어 좋은 점도 있다.

불면증이 있는 사람은 우울증이 함께 오는 경우가 많다. 잠을 못 자니 피곤하고, 피곤하니 자꾸 집에 있게 되고, 집에 있으면서 사람들과 교류가 없으니 우울해지는 것이다. 기운을 내는 방법은 간단하다. 우울할수록 밖으로 나가면 된다. 특히 아침 공기는 내게 에너지가 된다. 이른 아침, 베란다 문을 열고 아침이 깨어나는 소리를 들으며 마시는 커피 한잔은 내게 너무나 큰 행복을 준다.

그렇게 일찍 일어나 걸어서 회사까지 출근하면 가장 먼저 하는 일은 화단을 돌아보는 일이다. 화단에 물을 잘 줘야 항상 싱그럽고 예쁜 테라스를 가꿀 수 있고, 싱싱한 화단은 사람을 기분 좋게 만드는 힘이 있다. 그리고 그날 할 일을 체크해서 우선순위를 정하고, 오픈 준비가 잘되고 있는지 레스토랑을 한번 둘러보면서 하루 일과가 시작된다.

그래서 나는 일요일이 제일 싫다. 밖으로 움직여야 힘을 얻는데, 쉬지 않으면 다음 주 일을 하는 데 지장이 있기 때문에 억지로라도 쉬어야 하기 때문이다. 그래서 일이 없는 일요일이면 온종일 그동안 못 봤던 TV를 몰아서 본다. 재미 때문이라기보다는 일의 연장선상이기는 하다. TV를 보면서 최신 트렌드도 알고, 소비자들이 관심을 두고 있는 것 등을 파악할 수 있기 때문이다.

한번은 일요일에 TV를 보는데 tvN의 〈삼시세끼〉 메뉴로 콩나물불

고기를 요리하는 장면이 나왔다. 당시 프렙의 신메뉴가 콩나물불고기였는데, 당장 그날 마케팅 팀과 연결해 블로그나 SNS 등을 통해 공지하도록 지시했다. '콩불'을 연관어로 프렙의 방문자 수가 엄청나게 많이 늘어나고 주문량이 폭주한 것은 불 보듯 뻔한 일이다.

프렙은 이탈리안 메뉴 5가지로 시작했다. 그랑씨엘 브랜드를 살리고, 충성 고객을 잡기 위해서였다. 이후 메뉴 개발이 점차 늘어나면서 성공한 메뉴도 있고, 실패한 메뉴도 있다. 실패한 메뉴는 맛이 없어서가 아니라 일반인과 셰프의 격차가 좁혀지지 않는 메뉴들이었다.

예를 들어 렌틸콩 샐러드는 영양은 물론 정말 맛있는 메뉴다. 한번 먹어보면 다들 반하는 메뉴이기도 하다. 그런데 렌틸콩 자체가 아직까지는 일반인들에게 익숙하지 않다. 생크림이 하나도 들어가지 않고 치즈만 들어가는 이탈리아의 정통 까르보나라도 정말 맛있는 메뉴 중 하나다. 그런데 미국식에 익숙해져 있는 일반인들은 이 까르보나라를 어려워했다. 아쉬움은 있지만, 실패했다고 좌절하지는 않는다. 시대가 받쳐지면 다시 상품으로 내놓으면 되기 때문이다. 반대로 이런 실패를 겪으며 대중성이라는 것에 대해 다시 한 번 고민하는 계기가 되었다.

마케팅은 기본적으로 소비자에게 기업의 가치를 알리는 행위다. 그리고 메뉴는 가장 기본적인 홍보 도구이다. 이 홍보 도구를 가지고 어떻게 프렙을 알릴 것인지에 대한 공부는 여전히 진행 중이다. 오랫동안 운영하다 보니 레스토랑은 홍보의 노하우를 나름 가졌다고 자신한다. '한번 가본 곳은 두 번 가기 쉽지만, 한번도 가보지 않은 곳은 가지 않는다'는 원칙을 기반으로 움직이면 적어도 망하지는 않기 때문이다. 하지만 프렙의 마케팅은 여전히 내게 어려운 숙제다.

기본적인 마케팅 툴인 사이트나 애플리케이션에 대한 개발은 지속 중이다. 다른 곳보다 좀 더 편하고, 좀 더 쉽게 접근할 수 있도록 상세하고 친절하게 담는 것이 나의 목표다. 쿠킹박스의 요리법은 정말 간단하다. 재료를 모두 손질해 냄비에 쓸어 담기만 하면 된다. 하지만 나는 직원들에게 동영상을 요구한다. 아무리 간단해도 눈으로 읽는 것과 보는 것은 천지 차이며, 요리에 자신 없어 하는 소비자들은 요리하는 과정을 보고 싶어 한다고 생각하기 때문이다. 그리고 제품 하나를 팔더라도 그 제품의 사용 방법이나 보관 방법까지, 아무리 간단한 것도 자세하게 소개를 한다. 품이 많이 드는 일이지만, 소비자가 불편한 점이 없는지 놓치는 것이 없어야 한다. 실제 이런 디테일한 부분들이 소비자들에게 좋은 반응을 얻고 있다.

업체와 조인한 고전적인 이벤트 방식도 마케팅의 툴로 많이 이용한다. KBS의 〈걸어서 세계 속으로〉에서 진행한 쿠킹박스는 현지의 특별한 메뉴를 경험할 수 있게 해달라는 KBS의 요청에 따라 남아프리카공화국 원주민의 전통음식인 보보티(bobotie) 같은 메뉴를 개발하기도 했다.

요즘 소비자들이 관심이 많은 문화 사업, 예술 사업으로도 시각을 확장하고 있다. 가령 예술의전당에서 〈마술피리〉 공연을 하면 관람

객들에게 추첨을 통해 프렙의 쿠킹박스를 보내고, 프렙 측에서는 〈마술피리〉 공연 티켓을 받아 프렙 회원에게 전달한 식이다. 그 외에도 다양한 이벤트를 만들어 관광청이나 다른 업체에 제안을 넣는 등 끊임없이 기획하고 있고, 또 해야 한다.

최고의 마케팅 방법은 무엇일까? 그건 13년 차 사업가인 나도 모르는 미지의 영역과 같다. 하지만 보석을 캐듯 최고의 마케팅 방법을 찾기 위해 지금도 팀원들과 지속적으로 방안을 찾고 있고, 그리고 찾아낼 것이다.

버리고
닦는 습관
:

꼬깃꼬깃한 셔츠를 입고 있는 사람을 보면 신뢰가 가지 않듯이,
푸드 비즈니스에서 위생은 맛 못지않게 매우 중요한 요소다.
위생에 대한 인식은 하루아침에 만들어지지 않는다.
그래서 습관이 필요하다.

당근이 없다고 생각해서 샀는데 냉장고를 뒤졌더니 나온다거나, 간장을 다 썼다고 생각해서 샀는데 이전에 사둔 것을 깊숙한 곳에서 발견한다거나, 없다고 생각하고 새로 산 물건이 어디에선가 튀어나오는 일은 우리 일상에서 흔히 경험할 수 있다.

정리를 잘한다는 것을 결국 쓸데없는 소비를 막고, 새어나가는 것을 줄인다는 의미다. 정리를 잘한다는 것은 물건 정리만 잘한다는 것을 의미하지 않는다. 시간 정리, 돈 정리, 인생 정리가 모두 포함된다. 사업을 하다 보면 정리가 왜 중요한지를 알게 된다. 정리가 되지 않으면 일도 원활하게 진행되지 않기 때문이다.

외할머니는 엄마에게 돈 벌러 나가는 가장은 매끼 따뜻한 밥을 먹여야 하고, 절대로 구겨진 옷을 입혀 내보내서는 안 된다고 가르치셨다고 한다. 지금이라면 남존여비(男尊女卑) 사상이라며 타박받을 수 있겠지만, 엄마는 늘 아버지에게만큼은 극진하게 대하셨던 기억이 있다.

출근 전은 물론이거니와 시간을 체크했다가 아버지 퇴근 30분 전이면 밥을 새로 지어 식탁을 차리셨고, 속옷도 하나하나 다려서 정리를 하셨다. 아버지에게 그렇게 하시다 보니 하는 김에 자식인 우리 남매 속옷도 다려 입히셨고, 우리 남매는 그것이 지극히 정상적인 일인 줄 알고 컸다. 게다가 나는 일주일에 한 번씩 침구를 세탁하지 않으면 두드러기가 생기는 민감한 아토피 체질이라 엄마가 유독 내게 신경을 많이 쓰시기도 했다.

항상 깨끗한 집안에서 큰 덕분인지, 성격 탓인지 집이든 어디든 물건이 쌓여 있거나 불결한 것은 참지 못하는 성격이다. 보통 이사를 하고 2~3년이 지나면 짐도 쌓이고, 쓸모없는 것도 생기게 마련이다. 하지만 우리 집은 이사를 처음 한 때나 지금이나 별반 다를 것이 없다. 인테리어가 특별하지 않아도 집이 깔끔하게 유지가 되는 것은 '버리는' 습관 때문이다.

나는 물건은 꼭 필요한 것만, 최소화하자는 나름의 기준이 있다. 예를 들어 남편이 새 양말이 필요하다고 하면 헌 양말 5개를 일단 버리라고 한다. 5개를 버리고 나면 그때 새 양말을 산다. 이렇게 하면 물건을 쌓아둘 필요가 없다. 남편은 나와 정반대로 버리는 것을 싫어하고, 절대 못 버리게 한다. 그럴 때마다 나는 이야기한다.

"오빠, 쓰지 않는 건 가지고 있어봤자 짐이지 유용하게 쓸 수 있는 물건이 아니야. 내가 우리에게 필요하고 유용한 것을 버리자고 하면 나쁜 사람이지만, 우리에게 필요 없는 것을 버리자고 하는 거잖아. 안 쓰는 것들을 모아 수거함에 가져다놓으면 필요한 사람이 가져다 쓸 수 있어. 그게 더 세상을 위해 좋은 일 아니야?"라고 설득한다.

주변을 돌아보면 옷장 속에 몇 년이 지나도 입지 않는 옷, 서랍 속에 한 번 신고 두 번 신지 않는 양말이나 신발 등이 정말 많다. 이런 것을 쌓아두지 않는 것이다.

주방은 쓸모없는 물건이 특히 많이 쌓이는 공간이다. 마트나 백화점에서 1+1로 산 것들, 행사 상품으로 업어온 것들 등 조금만 정리를 게을리 하면 물건이 넘쳐난다.

이렇듯 새것을 사야 하거나 집안에 물건이 쌓이면 일단 기존에 가지고 있던 물건부터 정리한다. 그런 다음 새것을 사는 것이다. 그러다 보니 집이 깨끗하게 유지가 된다. 일반인들의 눈으로 볼 때에도 평소 우리 집은 결코 지저분하지 않을 것이다. 하지만 친구나 지인이 집을 방문하려고 하면 예약을 해야 한다. 내 기준에 맞게 치워줘야 직성이 풀리는 성격 때문이기도 하지만, 남에게 보일 때는 더 신경을 쓰는 편이다.

정리는 주방의 위생 문제와도 연결이 된다. 푸드 비즈니스에서 위생은 무엇보다 중요하고, 민감한 문제다. 위생에 대한 소비자들의 불신은 생각보다 뿌리 깊다. 따라서 위생은 편집증이라고 불릴 정도로 철두철미해야 한다. 투자를 받을 때도 빼놓지 않고 들었던 질문 중 하나가 위생에 관한 것이었다. 문제가 생기지 않겠냐는 것이었다. 하지만 솔직히 이런 질문을 받을 때마다 나는 이해가 되지 않는다. 푸드 비즈니스에서는 너무나 기본적인 문제이기 때문이다.

주방 청소를 힘들어하는 사람이 많다. 하지만 습관으로 만들면 힘들이지 않고도 충분히 청결하게 주방을 유지할 수 있다. 레스토랑에 입사한 직원에게 후드 청소를 매일 해야 한다고 말하면 처음에는 깜짝 놀란다. 그럴 때마다 직원에게 이야기한다.

"많이 놀랐죠? 하지만 내 말을 믿고 딱 일주일만 해보세요. 그리고 다시 이야기해요."

일주일 후 그 직원을 찾아 다시 물어본다.

"어때요? 매일 청소하니 힘들어요?"

그때마다 나는 항상 같은 이야기를 듣는다.

"아니에요. 대표님. 왜 매일 후드 청소를 해야 하는지 그 이유를 알겠습니다."

주방의 철칙에는 '미장플라스(mise en place)'가 있다. 요리의 밑준비에 대한 이야기로 요리 시작 전 싱크대는 깨끗이 비어 있어야 하고, 필요한 재료와 도구는 손에 닿는 곳에 있어야 하며, 모든 것이 반드시 제자리에 있어야 한다는 내용을 담고 있다. 요리가 가장 싫은 이유가 설거지라고 하는 사람이 있다. 하지만 요리하는 중간중간 계속해서 주변 정리를 하고 설거지를 하면 개수대에 설거지 거리가 남을 이유가 없다. 습관을 바꾸면 되는 것이다.

주방은 조금만 게을리 해도 기름때로 금방 찌든다. 기름때는 어지간해서는 벗겨내기 힘들다. 그런데 후드 청소를 한 달, 혹은 두 달 만에 한 번씩 날을 잡아서 하다 보면 청소를 하는 사람도 힘들고 그런 주방에서 만들어진 요리를 먹는 소비자도 불쌍하다. 더러운 것이 보이면 바로 청소하고, 묵은 때가 쌓이기 전에 벗겨낼 것. 이것만 잘 지켜도 위생은 큰 걱정이 없다.

'정리를 잘하면 인생이 달라진다.'
'정리를 잘하는 사람이 자기 관리를 잘한다.'
'부자가 되려면 정리부터 하라.'

정리를 강조하는 이야기는 흔하다. 정리를 잘한다는 것은 우선순위를 정하고 일을 하면서 시간 관리, 사람 관리를 제대로 한다는 것이다. 그리고 이를 통해 일을 효율적으로 할 수 있다.

정리도 결국 습관이고, 의지다. 꼭 몸을 움직이고 습관으로 만들면 해결할 수 있는 문제다.

티 나지 않게,
업데이트하기
:

한 자리에 오랫동안 자리를 지키고 있는 가게를 찾으면 반갑고도 정겹다.

이 가게가 한결같은 인기를 끌 수 있는 비결은 무엇일까?

기본은 지키되, 끊임없이 디테일을 바꾸며

지속적으로 업데이트하는 노력의 결과다.

한국만큼 많은 식당이 생기고, 또 많은 식당이 사라지는 나라도 드물 것이다. 우리나라는 3년 이상 같은 자리에서 같은 메뉴로 가게를 유지하는 경우가 많지 않다.

그렇다 보니 인뉴욕이나 그랑씨엘이 10년 이상 장수하는 비결을 궁금해하는 사람이 많다. 첫 번째는 당연히 맛이다. 맛이 0순위라고 했으니 맛이 없으면 사람들이 찾을 리가 없다. 두 번째는 분위기다. 손님이 매장을 찾았을 때 편안하게 식사할 수 있는 분위기를 연출하는 것이다.

좋은 식당은 손님이 손님을 데리고 온다. 인뉴욕이나 그랑씨엘, 마이쏭 모두 그렇게 입소문을 타면서 꾸준하게 사람들의 사랑을 받고 있다. 오픈 초창기 힘들었던 적도 있지만, 한번 찾았던 사람이 다른 사람을 끌고 오면서 상승 곡선을 그렸다.

특히 사업가들에게 식사 자리는 매우 중요하다. 좋은 분위기에서 와인 한잔을 곁들이며 맛있게 식사를 해야 사업 이야기도 자연스럽게 진행된다. 그런 면에서 그랑씨엘은 맛과 분위기 모두를 만족시키는 레스토랑이다.

장사가 잘되면 주변에 경쟁자가 생기기 때문에 끊임없이 새로운 메뉴를 개발하지 않으면 안 된다, 우리나라 사람은 쉽게 질려 하는 성격이기 때문에 매장 인테리어를 3년에 한 번은 바꿔야 한다, 라는 식의 이야기를 많이 한다. 솔직히 맞지 않는 이야기다.

그랑씨엘은 메뉴 한 가지가 빠지면 난리가 난다. 레스토랑의 메뉴는 무한정 늘릴 수가 없다. 그렇기에 메뉴를 한 가지 넣으려면 다른

한 가지를 빼야 한다. 회사 입장에서는 매출이 가장 적게 나와 메뉴를 빼면 손님들에게 엄청난 컴플레인을 받는 것이다. 레스토랑이 오래 되다 보니 각 메뉴에 대한 마니아가 생겼고, 각자가 원하는 맛의 기대치를 가지고 레스토랑을 찾기 때문이다.

한번은 메뉴를 뺐다가 한 달 내내 컴플레인을 받아 결국 원래 메뉴로 원상 복구해야 했던 때도 있었다. 프렙도 마찬가지다. 배달 사업의 특징은 메뉴를 무한정 올릴 수 있다는 점이지만, 프렙의 메뉴는 100가지 이상 늘릴 계획이 없다.

메뉴가 많아진다고 장사가 잘되는 것은 아니다. 프렙을 대표하는 스테디셀러는 두고, 계절 메뉴와 유기농 메뉴를 섞어가며, 그때그때 유행하는 메뉴를 함께 진행할 것이다.

여기서 간과하지 말아야 하는 것이 한 가지 있다. 메뉴와 인테리어가 10년 전과 같지만, 같지 않다는 사실이다. 10년이면 강산도 변한다. 당연히 사람들의 입맛도 바뀐다. 해외여행을 다니고, 새로운 맛, 새로운 문화를 접한 사람들의 눈과 입은 예전과 다르다. 그대로 두면 당연히 맛도 인테리어도 촌스러워진다.

가령 예전에는 일반 소금을 써서 파스타를 만들었는데 허브소금을 넣고 만드니 더 맛있다거나, 봉골레 육수를 낼 때 정향을 살짝 첨가하니 더 맛있다거나 하는 식이다. 똑같은 메뉴라도 나만의 향신료를 첨가한다던가, 기본을 해치지 않는 선에서 조금씩 업데이트를 해야 손님들의 기호를 맞출 수 있다. 만약 10년 전과 똑같은 레시피를 고수

했다면 결코 지금과 같은 레스토랑이 되지 못했을 것이다.

인테리어도 마찬가지다. 추구하는 메인 콘셉트는 그대로 유지하되 손님들이 눈치 채지 못하도록 디테일한 부분을 계속 업그레이드시킨다. 그랑씨엘도 재작년에는 10년 만에 며칠간 휴점한 뒤 문도 바꾸고, 페인트칠도 새로 했다. 하지만 이것은 세수를 한 것이지, 성형을 한 것이 아니다.

이런 감각은 많이 먹어보고, 많이 봐야 단련이 가능하다. 그래서 오너는 자주 밖으로 다녀야 한다. 해외여행도 자주 가고, 다양한 문화를 접해보아야 한다. 오너가 주방이나 회사에 사로잡혀 지나치게 바쁘면 안 되는 이유다.

소비자와 通하는
가장 효과적인 홍보 마케팅

1 꼬리가 꼬리를 문다

홍보의 가장 좋은 방법은 입소문이다. 처음에는 시간이 오래 걸리지만, 한번 퍼지기 시작하면 급속도로 확산되는 장점이 있다. 입소문을 타기 위해서는 맛과 인테리어, 서비스가 3박자를 이루어야 한다. 한번 방문했던 고객이 다시 매장을 방문할 수 있도록 일단 방문한 고객에게 최상의 서비스를 하는 것이 홍보의 우선 순위 1번이다.

2 소비자와 만날 수 있는 창구를 마련하라

한번 밟으면 두 번 밟기 쉽고, 두 번 밟으면 세 번은 더 쉬워진다. 충성 고객을 만들기 위해서는 소비자와 만날 수 있는 창구를 넓혀야 한다. 블로그, 페이스북, 인스타그램 등 SNS 등을 이용한 온라인 홍보 이외에도 쿠킹 클래스, 파티, 이벤트 등 소비자와 오프라인에서 직접적으로 만날 수 있는 기회를 최대한 많이 만든다.

3 소비자의 심리를 자극하라

'1등만 기억하는 세상'이라며 욕할 수도 있지만, 소비자들은 최초, 최고, 1위 등

'처음'에 호기심을 갖고 반응한다. 메뉴, 이벤트, 스토리, 홍보 등 소비자의 지적 호기심을 자극할 수 있는 방법을 마케팅에 적용하는 것도 하나의 방법이 될 수 있다.

4 트렌드를 알아야 마케팅과 연결한다

드라마, 예능, 영화, 연예인 등 소비자들은 트렌드에 쉽게 반응한다. 대표라면 세상이 돌아가는 모양새를 알아야 하고, 핫한 뉴스와 문화 트렌드를 꿰차고 있어야 한다. 그러기 위해서는 인기 있는 프로그램이나 실시간 검색 순위 등을 시간이 날 때마다 확인하고 최신 트렌드를 꿰뚫고 있어야 한다. 그래야 회사와 연결해 마케팅으로 활용 가능한 아이디어를 얻을 수 있고, 직원들에게 방향도 제시할 수 있다.

5 계속 연구하고, 끝까지 파고들어라

SNS 등을 통한 기본적인 홍보는 진행하되, 거기에서 머무르지 말고 회사를 알릴 수 있는 새로운 홍보 방법을 지속적으로 개발해야 한다. CEO가 트렌드를 알아야 하는 이유도 거기에 있다. 마케팅은 기존 홍보 방식에 안주하거나 틀에 박힌 생각 대신 새로운 시각으로 다양한 방향에서 접근해야 한다. 다른 회사와 연계해 함께 진행할 수 있는 이벤트나 마케팅 방법 등을 지속적으로 찾아 도전적으로 제안해야 한다. 벽에 부딪혔다고 생각될 때도 포기하지 말고 한 단계 더 깊이 파고들면 방법을 찾을 수 있을 것이다.

컴플레인
고객이
우수 고객으로
:

팬이 있어야 비로소 연예인이 되는 것처럼
소비자가 있어야 장사도 하는 법이다.
무조건 '손님이 왕'이던 시절은 지났지만,
소비자를 위한 서비스를 해야 한다는 것은
시대가 바뀌어도 변함없는 철칙이다.

기계로 하는 작업에도 오류가 생기는데, 하물며 사람이 하는 일이다 보니 컴플레인은 없을 수가 없다. 사장이 완벽주의자라도 직원이 실수하면 컴플레인은 들어오고, 택배업자가 잘못하면 배송 사고도 일어난다. 가장 좋은 것은 컴플레인이 생기지 않도록 하는 것이지만, 컴플레인 '제로'는 사실상 불가능하다.

프렙에서도 식자재를 포장하다 보면 아무리 검수를 철저하게 해도 누락되는 재료가 있고, 늦게 도착하거나 내용물이 터지는 경우도 생긴다.

2016년에는 포장 시스템이 제대로 갖춰져 있지 않은 상태에서 크리스마스를 맞았다. 그런데 주문이 폭주했다. 전 직원이 매달려 사흘 밤을 샜는데도 주문 물량의 3분의 1을 차지하는, 지방으로 보내는 택배 차량의 출발 시간을 맞추지 못했다. 이걸 내보내지 못하면 컴플레인은 둘째 치고 회사 신용이 무너질 판이었다.

한쪽에서는 직원들이 계속 언 손으로 포장을 하고, 한쪽에서는 전 택배업체에 전화를 돌려 겨우 지방으로 출발하지 않은 한 업체를 찾을 수 있었다. 택배기사는 떠나야 한다고 재촉이고, 직원들은 허둥지둥 송장을 꾹꾹 눌러쓰는 등 한바탕 전쟁을 치르고 난 뒤 겨우 컴플레인 두 건으로 크리스마스 연휴를 마무리할 수 있었다. 본사에서는 물건을 모두 내보냈는데, 택배 회사에서 시간을 맞추지 못한 것이다.

문제가 발생하면 '네 탓이오, 내 탓이오'로 실랑이를 벌이기보다 일어난 문제를 재빨리 인정하고, 파악하고 대책을 마련하는 것이 중요하다. 오랫동안 레스토랑 일을 하다 보니 소비자와 잡음 없이 빨리 끝내는 것이 가장 좋은 해결책이라는 것을 경험으로 체득한 것이다. 오래 끌면 끌수록 일은 지저분해지고, 회사의 신용도는 추락한다. 그러므로 소비자가 필요한 것을 파악해 빨리 해결하는 것이 가장 좋은 방법이다.

'웬만하면 지자.'

이것이 프렙 CS(Customer Satisfaction, 고객만족) 팀의 구호다. 나는 자존심이 강하고, 상식적이지 않은 일에 대해서는 단호한 편이지만, 소비자를 이기려고 들면 좋을 게 없다.

"죄송합니다."

대부분의 소비자가 듣고자 하는 것은 이 말 한마디다. 온실 속에서 자라난 사회 초년생들은 사과를 잘 못한다. 왜 해야 하는지도 잘 모른다. 그 때문에 문제가 커지는 경우가 종종 있다. 그래서 나는 CS팀을 교육할 때 무조건 "네", "죄송합니다"로 시작하고, 절대 고객이 이야기하는 것을 가로막지 말라고 가르친다.

가령, 달걀이 터져서 배송되었다는 컴플레인을 받으면 먼저 사과한다. 그리고 "다시 보내드릴까요? 적립금으로 전환해드릴까요?"라고 묻는다. 그럼 대부분은 적립금으로 전환해달라고 한다. "택배 회사 잘못이니 택배 회사로 문의하세요"라고 해봐야 서로 시간 낭비일 뿐이다.

소비자가 컴플레인을 할 때 중요한 것은 '신호'다. 내가 당신 말을 들었고, 그걸 접수했다는 신호를 주는 것이 중요하다. 소비자는 답답하고 속이 터져서 연락을 했을 텐데, 업체에서 자신의 이야기를 들었는지 어쨌는지 반응이 없다면 기업에 대한 이미지는 나빠질 수밖에 없다. 최대한 빨리 대응하고, 죄송하다고 사과한 다음 대책을 내놓으면 웬만한 일은 소비자들도 이해하고 넘어간다. 그들도 상식적이기 때문이다.

물론 업계의 블랙컨슈머(black consumer, 고의적으로 컴플레인을 거는 악성 소비자)도 있다. 이런 소비자는 비단 한 업체에만 그러는 것이 아니다. 어느 업체나 마찬가지로 행동한다. 그러나 이런 소비자에게조차 친절하게 응대해야 하는 것이 서비스업의 생리다.

나는 컴플레인 고객이 레스토랑의 단골 고객이 되는 것을 많이 접했다. 대표적인 예가 마이쏭에서 있었다. 한 고객이 SNS에 불만을 토로한 적이 있다.

나는 '죄송합니다. 회의를 통해 고객님이 말씀하신 불만 사항은 시정했습니다. 다시 한 번 오셔서 만족하지 못했던 부분이 잘 실행되고 있는지 확인해주십시오'라고 직접 답을 달았다. 그 소비자는 다시 찾아왔고, 직접 점검을 한 뒤 '오늘 마이쏭을 다녀왔는데, 제가 말했던 부분이 잘 고쳐져 있고, 직원도 잘 대처해주시더군요. 앞으로 친구들에게 많이 알리겠습니다'라고 알려왔다. 그 사건 이후 그 손님은 마이쏭의 단골이 되었다.

이처럼 컴플레인 고객은 어떻게 대응하느냐에 따라 그 가게의 이미지는 180도 달라진다. 실제 불만이 있는 고객의 문제를 잘 해결하면 주변에 있는 소비자 다섯 명에게 소문을 낸다는 통계가 있다.

철없던 시절, 나는 업계에서 까칠한 성격으로 소문이 파다했다. 성격이 나빠서 못된 것이 아니라 비상식적인 일에 대해서 공분했기 때문이다. 가령 잡지 촬영 같은 경우다.

미국이나 일본에서는 레스토랑 음식은 모두 돈을 지급하고 촬영한다. 잡지에서는 지면을 메꿔야 하고 소비자들에게 정보를 제공한다. 레스토랑은 장소를 제공하고, 셰프의 정성과 시간이 들어간 요리를 내놓는다. 내 경제학적 기준에서는 서로에게 필요한 일이기 때문에 돈을 내는 것이 맞다. 하지만 우리나라는 100% 레스토랑이 잡지 촬영을 서포트해야 하는 구조다. 홍보가 되니까 당연히 해야 한다는 식의 논리다.

한발 물러서서 그 논리를 받아들이더라도 상대에 대한 예의를 갖추지 못한 사람까지 고분고분 받아들이며 촬영에 협조해주기는 힘들었다.

그래서 인뉴욕을 오픈한 뒤 몇 년간은 까칠한 성격으로 소문이 났던 적이 있다. 하지만 결국 팬이 있어야 연예인도 존재하듯, 소비자가 있어야 장사를 할 수 있다는 사실을 깨달았고, 기자도 소비자라는 것을 이해했다. 나중에는 "그땐 그랬죠. 멋모르고 그랬어요. 죄송했습니다"라고 사과까지 했다.

비즈니스 세계는 냉혹하다. 그리고 결코 독불장군이 될 수도 없다. 혼자서 할 수 있는 일은 없기 때문이다. 먹고살기 위해서는 때론 성격까지 바꿀 수 있다는 각오가 되어 있어야 하는 것이다.

선택이 아닌 필수,
SNS로 마케팅하라

1 콘텐츠 플랫폼을 구축하라

기업의 가장 기본적인 마케팅은 SNS다. 시간이 많이 들고 공이 필요하지만, 하지 않으면 안 되는 중요한 일이다. 푸드 비즈니스 사업을 시작한다면 홈페이지 구축부터 하는 것이 좋지만, 만약 여건이 안 된다면 블로그로 시작해도 좋다. 홈페이지와 블로그는 가장 기본이 되는 콘텐츠 플랫폼이다. 구글은 홈페이지, 네이버는 블로그와 포스트를 운영해야 포털에서 검색이 되기 때문이다. 최근 네이버 검색 점유율은 40%대로 떨어지고, 구글 검색 점유율은 30%대로 증가하고 있는 상황이므로 투 트랙으로 가는 것이 가장 좋다.

2 콘텐츠를 확장하라

기본 콘텐츠 플랫폼을 구축했다면 다음은 페이스북, 인스타그램, 카카오스토리, 밴드 등 다양한 SNS를 통해 콘텐츠를 확장해야 한다. 모든 것을 다 하면 좋겠지만, 어느 하나밖에 운영할 수 없다면 정확한 타깃을 염두에 두고 정하는 것이 좋다. 인스타그램은 화려한 이미지로 20대가 주 타깃이며, 30대는 페이스북, 40~50대는 카카오스토리나 밴드를 선호한다. 요식업이라면 화려한 이미지로의 콘텐츠를 만들어 어필하는 것이 도움이 된다. 페이스북 팬페이지를 만들면 인스타그램에도 광고할 수 있다.

3 콘텐츠의 톤을 일정하게 유지하라

콘텐츠에는 사진과 글이 주축이 된다. 사진과 글 톤은 기업이 추구하는 이미지를 정해 일관되게 유지하는 것이 좋다. 20대를 상대한다면 톡톡 튀는 경쾌하고 발랄한 멘트로 유머 감각을 삽입하고, 40~50대를 대상으로 한다면 차분하면서 친숙한 느낌을 전달하는 것이 좋다. 특히 콘텐츠에 올라가는 글의 톤이 흐트러지는 것은 좋지 않으므로 일관성을 유지하도록 한다.

4 차별화를 고민하라

콘텐츠를 고민할 때는 우리 회사에서만 보여줄 수 있는 '킬러 아이템'이 무엇인지를 고민해보아야 한다. 사진이 아주 좋거나, 음식에 대한 분석 글을 올리거나, 생활 정보를 다루거나, 동영상을 올린다거나 다른 경쟁 사이트에서는 볼 수 없는, 기업의 고유 콘텐츠를 가지고 있는 것이 좋다.

5 주기적인 업데이트!

SNS 마케팅은 단시간 안에 효과를 볼 수 없다. 꾸준히 해야 한다. 또한 포털 검색 노출의 알고리즘 상 블로그는 히스토리가 쌓여야 방문자가 수가 안정적으로 늘어난다. 따라서 콘텐츠는 주기적으로 올려야 한다. 매일 한 가지씩이라도 올리면 좋지만, 부담이 된다면 일주일에 하나로 정해두고 관리하는 것이 좋다. 석 달 동안 올리지 않다가 일주일 동안 한꺼번에 올리는 방식은 바람직하지 않다. 회사의 콘텐츠 업데이트를 소비자가 기다리도록 만들고, 그에 부응해줄 수 있어야 한다.

오너의
손길
:

CEO는 숲이라는 큰 그림을 보기도 해야 하지만,
한 그루의 나무가 잘 자라고 있는지도 체크해야 한다.
**오너의 손길이 닿은 나무와 닿지 않은 나무는
그 성장에 차이를 보이기 때문이다.**

내 책상에는 건축용 자가 있다. 물론 건축 설계를 위한 용도는 아니다. 설계 도면을 보면서 인테리어를 구상하기 위한 용도다.

엄마는 계절마다 커튼을 바꿔 다셨고, 1년마다 인테리어를 바꾸셨다. 어느 날 학교에서 집으로 돌아가면 가구의 구조가 바뀌어져 있고, 어느 날은 벽지가 달라져 있기도 했다. 어떤 경우는 인테리어를 바꾸기 위해 한 달씩 다른 곳에서 살다가 집으로 돌아오는 일도 있었다. 엄마는 그렇게 인테리어를 바꿀 때마다 기분이 좋아진다고 하셨다.

어릴 때부터 우리 집은 동네 아주머니들이 인테리어를 구경 오는, 예쁘기로 소문난 집이었다. 봄이면 화사한 커튼이 달리고, 특별한 날에는 주방이 꽃으로 장식되는 그런 분위기에서 커왔던 나는 요리 만큼 인테리어가 하나도 어렵지 않다. 엄마가 하듯이 도면을 보고 이쪽은 이렇게, 저쪽은 저렇게 하겠다고 전문가에게 의견을 전달하기만 하면 내가 원하는 인테리어가 척척 완성된다는 것을 잘 알고 있기 때문이다. 처음 해보는 사람이라면 어디서부터 손을 대야 할지 모르겠지만, 인테리어에 심취했던 엄마와 함께 어린 시절을 보냈던 나는 인테리어 공사가 아주 익숙하다.

나는 건축용 자를 들고 도면을 들여다보면서 공간을 어떻게 꾸밀지(도면은 1/200, 1/600 등 축소용이기 때문에 건축용 자가 없으면 예측하기 어렵다), 테이블 배치 등을 고민한다. 그렇게 인뉴욕과 그랑씨엘, 마이쏭의 인테리어는 나의 의견을 100% 반영해 꾸며진 공간이다. 오너의 의견이 필요한 것은 인테리어뿐만이 아니다. 메뉴 개발, 홈페이지 구축, 상품 개발도 모두 오너의 감각과 손길이 닿아야 한다.

홈페이지를 구축할 때도 카테고리는 물론 사이트맵을 직접 짰다. 몇 백 페이지나 되는 디자인 틀을 하나하나 들여다보고, 글자 크기, 로고 위치 등 세밀한 부분까지 관여했다. 이렇게 심혈을 기울여 구성하고 디자인한 프렙의 홈페이지는 다른 업체에서도 따라할 만큼 실용성이 뛰어나다.

모든 일은 처음부터 오너의 의견을 반영해 진행해야 나중에 뒷말이 나오지 않는다고 생각한다. 일이 다 진행되고 난 후, "왜 이렇게 일을 했어?"라고 질책하는 것은 책임자의 태도다.

프렙에서 가장 중요한 메뉴 개발팀과도 초기부터 손발을 맞추었다. 처음에는 먼저 직원들에게 메뉴 아이템을 작성하도록 한다. 아이템을 보면서 메뉴가 적절한지를 체크하고, 그 메뉴에 대한 생각을 공유한다.

메뉴 개발은 겨울에는 스튜, 여름에는 냉면처럼 시기에 따라 달리해야 하는데, 초보들은 이런 디테일한 면을 놓치기 때문이다. 아이템을 보면서 메뉴의 적절성을 체크하고, 메뉴에 대한 생각을 공유한다. 이때는 내가 생각하는 메뉴를 말로 하는 것이 아니라 사진을 보여주거나 그림을 그려 보여준다.

연어 덮밥이라면 밥 모양, 소스, 연어의 양, 와사비, 김, 아보카도 등 구체적인 재료를 사진이나 그림으로 제시하는 것이다. 그렇게 서로의 생각을 공유한 뒤 메뉴를 개발하면 처음에는 감이 없던 직원도 점차 손발이 착착 맞아가며 문제없이 일이 진행된다. 지금은 이런 과정을 거쳐 1~2주면 새로운 메뉴가 개발되고, 메뉴 업데이트 달력에는 이렇게 개발된 메뉴들이 6개월 치까지 빼곡이 들어차 자신들이 등장할 차례를 얌전히 기다리고 있다.

프렙의 상품 구성에도 내 의견은 반영된다. 초창기에는 판매할 상품을 구하기 위해 직접 뛰어다녔다. 보는 눈이 있어도 방법을 몰랐던 나는 해외여행에서 내가 팔아보고 싶은 제품이 눈에 띄면 열심히 제품에 붙은 라벨을 찾아 사진을 찍었다(사진을 찍다 쫓겨난 적도 있다). 그리고 한국으로 돌아와 라벨에 적힌 판매처를 찾아 전화를 하거나 메일로 회사 소개서를 보내고, 다른 곳에 독점권을 준 것이 아니라면 우리 회사가 팔아보고 싶다고 의견을 타진하고, 가격을 협상하는 등 하나하나 몸으로 부딪혀가며 배웠다. 그렇게 해서 일본에서 직수입한 계란말이 황동 프라이팬은 프렙이 국내 판매 독점권을 가지고 있는 제품이다.

아직은 성장 단계라 기업의 가치를 세계에서 인정받기 이르지만, 회사가 더 커지면 가지고 오고 싶었지만 가지고 오지 못한 많은 제품의 계약을 성사시킬 것이다. 이제는 안목만 빌려주면 직원들이 맡아서 진행을 해준다. 하지만 내가 이런 과정을 스스로 공부해가며 터득했기에 일의 지시에 대해 훨씬 더 디테일할 수 있다.

회사의 경영에는 모든 곳에 오너의 손길이 필요하다. 그렇게 정성과 열정을 쏟기 위해서는 철저한 자기관리가 필요하다. 잘나가는 일류들은 저마다의 자기관리 기술이 있다. 피곤한 몸을 이끌고는 결코 회사 경영을 제대로 하지 못한다.

나도 내가 메인 셰프로 자리에 서는 날은 전날부터 관리를 한다. 만약 그 전날 술을 지나치게 많이 마셨다거나 컨디션 조절에 실패해서 몸이 좋지 않은 날 팬을 잡게 되면 그날은 하루종일 짜다거나 질다거나 하는 컴플레인을 듣는다. 특히 요리는 체력이 달리면 맛을 제대로 느끼지 못하기 때문에 세심하게 자신의 컨디션을 관리해야 한다.

단순한 것이
좋다
:

레시피도 삶도 단순한 것이 좋다.

사업을 시작하기까지는 많은 시간을 두고 고민해야겠지만,

일단 시작했다면 그때부터는 어떤 일을 결정하는 데 있어

단순 명쾌한 판단과 결정이 필요할 때가 더 많다.

나는 누가 누군가를 평가한다는 것 자체를 싫어한다. 경쟁도 싫어한다. 그래서 학교에 다니는 것도, 대회에 나가는 것도 좋아하지 않는다. 1등과 2등을 구분 짓는 것이 내겐 별 의미가 없기 때문이다. 그 사람은 그 사람, 나는 내 기준대로 세상을 살면 된다고 생각하기 때문에 굳이 어떤 잣대를 들이밀어 그것으로 서로를 평가하고 싶지 않다.

그런 행동은 세상을 살아가는 데 불필요하며, 옳지 않다고 생각하기 때문이다. 최선을 다해 살았지만, 어느 날 손님들이 다른 가게로 옮겨간다면 그것도 어쩔 수 없는 일이다. 손님이 떠나는 건 유행이라는 감각을 잃은 내 탓이기 때문에 깨끗이 승복할 것이다.

'탕수육 소스는 부어서 먹어야 할까, 찍어서 먹어야 할까?'

한때 TV 방송에서 화제가 됐던 탕수육 소스 '부먹 vs. 찍먹' 논쟁을 보고 웃었던 적이 있다. 왜 저런 무의미한 논쟁을 벌이는 것일까. 잘 이해가 되지 않았다. 오락적인 요소가 필요했던 것이었겠지만, 세상을 살다 보면 남의 일에 감 놔라 배 놔라 하는 것을 너무나 많이 본다.

삶도 요리도 각자의 기준대로 살고 먹으면 된다. 탕수육 소스를 부어 먹든 찍어 먹든, 고기를 소금에 찍어 먹든 된장에 찍어 먹든, 구첩반상이 부럽지 않게 차려놓고 먹든 김치찌개 하나만 가지고 먹든 요리에 '답'은 없다. 그냥 내가 가장 맛있다고 생각되는 대로 먹으면 된다. 김치찌개 하나만으로도 행복하다면 그것으로 족하다.

오히려 내가 두려운 것은 서로간의 소통이 막히지 않을까 하는 점이다. 큰 회사는 직원들끼리는 물론 상하로도 커뮤니케이션이 되지 않아 업무 처리가 더딘 경우가 많다. 이런 회사는 소비자들에게 좋은 이미지를 심어줄 리가 없다. 프렙도 그런 회사처럼 되지 않을까, 그것이 나의 걱정거리 중 하나다.

세상의 기준 말고 내 기준 대로 살다 보니 '이 일은 하면 되겠지'가 아니라 '하면 된다'고 생각하고 밀고 나간다. 될까 말까 이리 재고 저리 재면서 허송세월을 보내기보다 일단 결정한 일은 해보고 문제가 생기면 회의를 하고, 결론을 내리고, 다시 나아가는 식이다.

새로운 일은 누구에게나 어렵다. 배송 사업 역시 내가 해보지 않은 일이기 때문에 시행착오를 겪으며 나아가는 중이다. 채소는 씻어서 보내면 물러지기 때문에 씻지 않은 상태로 포장한다. 그런데 감자나 호박 같은 것은 속을 들여다볼 수 없기 때문에 가끔 썩은 것이 섞여 포장되곤 했다. 몇 번의 컴플레인을 받고 지금은 감자가 갈변하더라도 반으로 잘라서 보내고 있다. 감자가 썩으면 맛있는 매시 포테이토를 해먹을 수 없기 때문이다.

레스토랑을 운영하고 사람이 몰리면서 패닉 상태에 빠진 적도 있다. 하지만 이제는 100명, 200명은 거뜬하다. 쿠킹박스 서비스를 시작하며 포장을 일일이 손으로 할 때는 300개의 주문에도 모든 직원이 달려들어 밤을 새야 했지만, 이제는 기계가 모든 재료를 척척 포장한다(기계를 사용하면 1분에 100개 포장이 가능하다). 시행착오는 줄어들고, 시스템은 구축되어간다. 그리고 그 속에서 더 나은 방향을 찾아 다시 시도하고, 개선한다.

　20대 중반, 인뉴욕이 성공한 것은 내가 세상의 기준대로 보지 않았기 때문이다. 세상의 기준대로라면 식당은 많은 사람이 와야 하는 곳이다. 하지만 나는 내 기준대로, 내가 즐길 수 있는 방법으로 새로운 기준을 세웠다. 그것이 어쩌면 성공으로 가는 길이 아니었을까?
　성공의 법칙은 나도 모른다. 다만, 한 가지 알고 있는 것은 멈추지 말고 행동해야 한다는 것이다. 해서 안 되는 일은 없다. 용기가 필요할 뿐이다. 망가지면 고치고, 부딪혀서 멍이 들어도, 달리다 쓰러져서 생채기가 나도 다시 일어서서 툭툭 털고 나아가면 된다. 그렇게 나아가는 동안 상처는 아물고 더욱 단단해진다. 그리고 시작점에서는 결코 도달할 수 없을 것 같이 보였던 곳에 도달해 서 있는 자신을 발견하게 될 것이다.

　레스토랑을 시작하고 6년 만에 법인으로 전환할 때도 법인이 뭔지도 모르고 설립했다. 배우면서, 공부하면서, 물어가면서 일을 했다. 세무사가 "이제부터는 법인이니까 함부로 돈을 쓰면 안 된다"고 해서 "알겠다"고 했다. 안 된다고 하니까, 하지 않으면 되는 것이다.

　레시피도 삶도 단순한 것이 좋다. 생각은 깊이 해봤자 행동하는 데 걸림돌이 될 뿐이다. 사업을 시작하기까지는 많은 시간을 두고 고민해야겠지만, 일단 사업을 시작했다면 그때부터는 앞만 보고 열심히 달려가야 한다. 멈춰서면 늦다.

오너의 손에는 직원들의 삶의 질이 걸려 있다. 오너가 잘하느냐 못하느냐에 따라 직원들도 영향을 받는다. 서로의 열정에 불을 지르기 위해서는 너무 오래 생각만 하거나 고민만 하지 말고 일단 시작해보자고 하자.

회사에 어떤 문제가 생겼을 때는 더욱 그렇다. 문제를 최소화하기 위해서는 빠른 후속 조치가 최선이다.

"Think simple!"

PART
3

EAT하다

잘 차려진 음식을 누군가와 나누며
따뜻한 시간을 보내는 것은
더할 나위 없는 만족과 행복을 가져다준다.
사업을 하는 것도
나 혼자서 모든 일을 해내는 것이 아닌
더불어 앞으로 나아가는 것.

요리도 사업도 결국
함께하는 사람이 있기에
더욱 의미가 있다.

사람으로 상처받고
사람으로 치유받고
:

사람은 사람으로 인해 즐겁고 사람으로 인해 우울해지곤 한다.

일도, 사업도 그렇다.

결국은 직원을 어떻게 관리하느냐에 따라

사업의 성패가 걸려 있다고 해도 지나친 말이 아니다.

"사업에서 가장 힘든 것이 무엇입니까?"라는 질문에 사람들은 무엇이라고 답할까. 사업을 하다 보면 가장 힘든 것은 일도 돈도 아닌 사람이다. 사람으로 인한 배신과 상처, 좌절감을 극복하지 못하고 끝내 사업을 접어버리는 사람도 많다.

아르바이트 고용이 많은 요식업계에서는 사람에 대한 스트레스가 더욱 심하다. 머리를 써서 일하는 사무직과 몸으로 일해야 하는 식당은 상황이 완전히 다르기 때문이다. 주방장의 갑질에 오너가 우는 경우도 있고, 사업 아이템을 몰래 빼내 주방장이 창업하는 경우도 있다.

모든 아르바이트생들이 그런 것은 아니지만, 어린 친구들이다 보니 면접을 본 뒤 연락이 두절되거나 "석 달은 책임지고 일하겠습니다"라고 계약서까지 쓴 뒤에도 일주일 뒤 그만두는 일은 허다하다. 일하는 시간 동안 수시로 휴대폰을 들여다본다고 주의를 줘도 전혀 나아지지 않는다. 일방적으로 일을 그만두고서는 일당을 달라며 카톡만 달랑 보낸다. 약속을 지키라고 하면 고소하겠다고 오히려 으름장인 경우도 있었다.

해야 하는 일에 대한 책임감은 없고, 자신의 권리와 의무만 찾는다. 신문에서 볼 수 있는 사례는 지극히 일반적이고, 훨씬 더 심한 경우가 많다. 오너 입장에서는 정말 화가 머리끝까지 날 지경이다. 문제는 이런 아르바이트생 한 명이 직원들 전체에게 영향을 미친다는 것이다. 미꾸라지 한 마리가 물을 흐리는 것처럼 아르바이트생 한 명이 좋지 않은 모습을 보이면 나머지 직원들에게도 영향을 미쳐서 전체적인 분위기를 흐리기도 한다.

씨엘쏭컴퍼니(2010년 인뉴욕, 그랑씨엘, 마이쏭을 합쳐 법인으로 전환했다)에는 아르바이트생이 없다. 프렙을 설립한 뒤 얼마 지나지 않아 아르바이트생 때문에 고전을 했던 적이 있다. 이대로는 안 되겠다는 생각에 레스토랑 방침을 완전히 새롭게 바꾸기로 했다.

레스토랑을 그만두는 한이 있더라도 더는 아르바이트를 고용하지 않겠다고 선언한 나는 남편과 프렙 직원까지 동원해 일단 레스토랑 일을 해나갔다. 그리고 그들이 고생하는 동안 아르바이트생 대신 정직원으로 모든 자리를 채웠다. 그리고 이때부터 직원의 복지도 신경 쓰기 시작했다. 무조건 밀어붙이기 식의 경영은 더 이상 하지 않겠다고 판단했기 때문이다. 이전에는 없었던 브레이크 타임을 만들고, 직원이 쉴 수 있는 공간을 만들었다. 그리고 직원이 이탈하지 않도록 나름대로 시스템을 구축하기 시작했다.

사업은 사람 때문에 흥하기도 하고, 망하기도 한다. 레스토랑을 운영하며 사람이 얼마나 중요한지, 한 사람이 미치는 영향이 얼마나 큰지 충분히 겪어보았기에 뼈저리게 알고 있는 사실이다. 그렇기 때문에 경영에서 가장 많이 신경을 쓰는 것도 직원 관리다.

'You're my person.'

미국 드라마 〈그레이 아나토미〉에 가끔 나오는 이 대사를 나는 정말 좋아한다. 어떤 상황에서도 내 편에 설 수 있는 사람이 있다는 것은 얼마나 행복한 일인가. 하지만 '내 사람'은 그냥 생기지 않는다. 내가 노력해야 상대도 따라온다. 나는 아무것도 하지 않으면서 무조건 나를 사랑해달라고 하는 것은 생떼에 지나지 않는다.

때론 직원들이 너무 무심해서 울고, 어떤 때는 직원들이 나를 너무 위해줘서 감동해 울기도 한다. 말 그대로 사람 때문에 지치고 힘들지만, 위로받고 행복한 것도 사람 때문이다.

결국은 사람과 함께 뒹굴면서 살아갈 수밖에 없는 세상이다. 갑과 을로 나뉜 세상이라고 하지만, 무조건 둘로 조각내기보다는 각자의 기준에서 소통하고 화해할 수 있는 방법을 찾는 것이 최선의 길이다. 그래서 필요한 것이 매뉴얼이기도 하다.

회사 매뉴얼이
필요한 이유
:

매뉴얼은 일종의 약속이다.

CEO와 직원 간 약속을 정해두고 매뉴얼에 따라 일하면

문제를 미연에 방지할 수 있다.

또한 매뉴얼은 쓸모없는 분쟁을 줄여줄 뿐만 아니라

원활한 업무를 위해 꼭 필요하다.

대기업에는 사규(社規)가 있고, 직원들은 회사가 정해놓은 매뉴얼대로 일한다. 인원이 많지 않은 작은 회사에도 매뉴얼은 있어야 한다. 아니, 오히려 작은 회사일수록 매뉴얼은 더 엄격히 적용되어야 한다.

매뉴얼의 필요성을 느끼게 된 계기는 단순하다. 직원 한 명이 예약이 되어 있지 않다고 빈자리가 있는데도 손님을 돌려보낸 걸 본 적이 있다. 사장 입장에서는 황당한 경우가 아닐 수 없다. 그런데 직원은 자신이 무엇을 잘못했는지 모른다. 예약제 레스토랑이기 때문에 예약을 하지 않은 손님은 돌려보냈다는 것이다.

레스토랑은 손님 한 명이 곧 수익과 연결되는 구조다. 그런데 융통성 없이 손님을 돌려보내는 것을 보고, 직원의 마음은 사장의 마음과 반드시 같지만은 않다는 것을 깨달았다.

'자기 자신의 중심을 챙겨라. 누가 뭐라고 하든 매뉴얼에 나와 있는 대로 해라. 자기 멋대로 하지 말아라. 너의 중심은 회사의 중심이고, 회사의 중심은 매뉴얼이다.'

레스토랑처럼 여러 사람이 움직이고, 교대 근무를 하는 곳일수록 업무 매뉴얼은 더욱 필요하다. 레스토랑에서는 모든 것이 제자리에 있지 않으면 다른 사람이 인수인계를 받아서 원활하게 매장을 운영할 수가 없다.

따라서 새로운 직원이 들어오면 무조건 업무 숙지부터 시킨다. 매뉴얼의 중요성에 대해서 강조하고, 개인 의견대로 할 경우 문제가 생길 수 있음을 경고하고, 중심을 잃지 않고 일할 수 있도록 독려한다. 문제가 생겼을 때는 CEO나 직원의 개인 의견이 아니라 매뉴얼에 따라 잘잘못을 따진다.

가령 문제가 발생하면 인수인계를 한 사람과 받은 사람 두 명을 불러서 확인한다. 누가 잘못한 것인지 확인하고, 잘못한 사람을 문책한다. 잘못을 따지는 것은 나쁜 CEO라서가 아니다. 회사가 룰을 정했다면, 직원은 그 룰을 따를 의무가 있다. 매뉴얼을 익힐 충분한 시간을 줬음에도 매뉴얼을 따르지 않았다면 그건 분명히 따르지 않은 사람의 잘못이다. 그리고 그로 인해서 일어나는 문제에 대해서는 반드시 잘못을 짚고 넘어가야 한다.

그것이 CEO의 역할이다. 이처럼 정확한 기준이 있어야 자잘한 문제로 시비가 붙을 일이 없고, 쓸데없는 분쟁도 막을 수 있다.

프렙에서는 신입사원이 출근하는 첫날 스프링 노트와 삼색 펜을 책상 위에 올려둔다. 그리고 신입사원이 출근하면 노트 사용법을 알려준다. 프렙에서는 전 직원이 같은 노트를 사용한다. 아예 시스템으로 만든 것이다. 과거에는 직접 내가 알려줬지만, 인사팀이 생긴 후에는 인사팀에서 하고 있다.

노트 사용법은 첫째, 블랙이나 블루 등 자신이 좋아하는 펜을 하나 고른다. 만약 검은색을 골랐다면 검은색 볼펜으로 그날의 할 일을 메모한다. 그리고 회의 등을 통해 추가할 일이 생기면 파란색으로 표기한다. 그리고 특별한 지시사항이 있으면 빨간색으로 표기한다. 그리고 끝난 일은 줄을 그어 지우는 식이다.

업무 메일에도 양식이 있다. 그리고 그것을 철저하게 따르도록 한다. 양식이 들쑥날쑥하면 확인하는 데도 시간이 필요하다. 이런 시간 낭비를 최소화함으로써 일을 좀 더 효율적으로 할 수 있도록 돕는 것이다.

인뉴욕은 셰프 혼자서 운영하기 때문에 별도의 매뉴얼이 없다. 그렇지만 그랑씨엘과 마이쏭, 프렙은 회사가 다르고, 운영 방식이 다르기 때문에 각각의 매뉴얼을 가지고 있다. 각 회사의 매뉴얼만 두꺼운 파일 한가득이다. 그리고 이 매뉴얼은 한 해 한 해 지날 때마다 점점 더 늘어날 것이다.

회사는 개인적인 친분을 쌓기 위한 모임이 아니다. 이익을 내기 위해 만든 조직이다. 문제가 생길 때마다 골머리를 썩이기보다 문제가 생기지 않도록 아예 싹을 자르는 것이 중요하다.

사람이 모이는 곳에는 규칙이 있다. 두 명만 모여도 룰을 정해두어야 마음이 상하지 않고 일을 처리할 수 있다. 기숙사 생활이나 방을 나누어서 써본 사람은 특히 잘 알 것이다.

예를 들어 누가 청소를 했느냐, 설거지를 하지 않았느냐 같은 사소한 것 같지만 사소하지 않은 일로 사람의 감정은 상한다. 회사 일은 둘이서 방을 나누어 쓰는 것보다 훨씬, 훨씬 더 큰일이다. 방을 나누어 쓰는 것이야 개인적인 생활의 문제지만, 회사를 운영한다는 것은 이익과 직결된 문제이기 때문이다.

직원을 어떻게 관리하고, 그들과 어떻게 소통하느냐에 따라 수익의 규모가 커질 수도 작아질 수도 있다. 회사는 가족을 위해 요리하고, 식탁을 차리는 것과는 개념이 다르다는 것을 분명히 해야 한다.

나만의
면접 방식
:

직원은 한번 뽑으면 쉽게 그만두게 할 수 없다.

그렇기 때문에 처음부터 회사의 철학과 비전을

함께 공유할 수 있는 사람을 뽑아야 한다.

하지만 수많은 사람 중에서 보석을 가려낸다는 것은

그렇게 만만한 일이 아니다.

세계적인 CEO들이 인재를 영입하기 위해 들이는 수고는 놀랍다. 회사에 꼭 필요한 사람을 얻기 위해 수없이 설득하고 정성을 들인다. 기업의 수많은 CEO가 '사람 중심의 경영'을 외치며 인재를 영입하기 위해 물불을 가리지 않는 데는 그만한 이유가 있다.

사람이 돈을 벌기 때문이다. 어떤 사람을 고용해서 어떻게 직원을 관리하느냐에 따라 회사의 성패가 갈린다고 해도 과언이 아니다. 작은 커피숍을 운영해도 언젠가는 직원을 고용할 수밖에 없다. 하지만 작은 회사라고 해서, 급하다고 해서 사람을 대충 뽑는 실수를 해서는 안 된다. 잘 뽑은 직원 한 사람으로 인해서 CEO가 웃을 수도 있고, 반대로 골칫거리를 떠안을 수도 있기 때문이다.

기업이 성공하려면 회사의 철학과 가치를 공유할 수 있는 직원을 뽑아서 함께 의기투합해야 한다. 하지만 작은 회사에서 일 잘하고, 마음에 쏙 드는 사람을 뽑기란 하늘의 별 따기다. 그렇기 때문에 더욱더 기준이 필요하다. 나는 그 기준을 매뉴얼로 만들어가고 있다. 그리고 1단계가 바로 면접이다.

규모가 큰 회사의 경우에는 공채라는 형식을 통해 일정 기간 동안 일정 경력을 지닌 사원들을 채용할 수 있는 기회가 있다. 수시로 특채가 필요해 이에 걸맞은 사람을 구하는 일도 작은 규모의 회사에 비하면 어렵지 않다.

특히 많은 연봉과 좋은 복지를 직장 선택의 주요 기준으로 삼는 요즘의 청년들에게 우리 회사는 누구에게나 매력적인 회사는 아닐 것이다. 하지만 나는 오히려 요리를 좋아하고 카페나 레스토랑, 그리고 푸드 비즈니스에 관심이 있는 청년들이라면 일반 사무직보다 훨씬 더 즐거운 회사 생활을 할 수 있는 곳이라고 자부한다.

면접에서는 일단 회사와 맞지 않는 사람을 걸러내야 한다. 3개월이라는 수습 기간이 있지만, 불필요한 투자를 할 필요는 없다. 따라서 짧은 시간 안에 상대를 파악할 수 있는 질문을 뽑는 것이 중요하다고 생각했다.

면접 시 사용하는 질문은 오랫동안 회사를 운영하면서 내가 찾아낸 방법으로 답을 통해 상대를 알아볼 수 있는 기준이 되고 있다. 이 질문에 따라 면접을 보면 내가 아니라 누가 면접을 보더라도 비슷한 결과가 나올 수 있다.

면접 시 질문 내용은 다음과 같다.

1	우리 회사에 지원하게 된 동기는?
2	보직 로테이션이 가능한가?
3	동료, 일, 퇴사 공지 등과 관련해서 본인은 책임감이 있는 사람인가?
4	근무 중 문제에 직면할 때 이를 커뮤니케이션으로 해결할 수 있는 사람인가?

5	일을 하다 실수를 했을 때, 솔직하게 말할 수 있는가?
6	동료가 일 처리를 잘못하고 있을 때, 어떻게 대처할 것인가?
7	위와 같은 상황에서 잘못된 사항을 보고하라고 권유할 것인가?
8	동료가 잘못을 보고하라는 권유를 무시할 때, 어떻게 할 것인가?

　다른 회사에서는 어느 학교를 졸업했고, 학점은 몇 점이며, 어떤 능력을 갖추고 있는지를 묻는다고 한다. 하지만 나는 사람을 뽑을 때, 가장 먼저 인성을 본다. 인성이 바른 사람은 뭐든 배울 수 있다는 믿음이 있기 때문이다.

　간혹 "제가 할 수 있는 게 아무것도 없습니다. 그래도 가능할까요"라고 묻는 지원자가 있다. 그럴 때마다 나는 "걱정하지 마라. 나와 선배들이 다 가르쳐줄 것이다. 대신 네가 정직해야 한다. 그렇지 않으면 배울 수가 없다. 모두 너 하기에 달려 있다"라고 말한다.

　첫 질문은 우리 회사에 대해서 정확하게 알고 왔느냐다. 이는 성실함과 성품에 대한 가장 기본적인 질문이다. 열정을 품고 일하고 싶은 마음이 있어서 왔는지, 지원해서 붙으면 좋고 아니면 말든지 식인지를 가늠할 수 있는 질문이기도 하다. 만약 돈이 목적이라면 1만 원이라도 더 주는 곳이 있으면 얼마든지 금세 옮길 수 있다. 그러나 회사에 관심이 있고, 배우고 싶은 열정이 있으면 다르다. 환경이 100% 충족되지 않아도 자신이 성취하는 바를 얻기 위해 열심히 일한다.

2번과 3번은 회사의 시스템과 책임에 대한 질문이며, 4~8번 질문은 면접자의 인성과 소통 능력을 보는 질문으로 상대방을 파악하는 중요한 핵심 질문이다. 20~30대 중에는 혼자 고민하고 오해하다 제멋대로 결정을 내리고 퇴사를 통보하는 사람이 많다. 이는 장기적으로 보았을 때 회사에 좋은 일이 결코 아니다. 이를 방지하기 위해 고안해낸 면접 방식이다.

직원을 뽑을 때 나는 단독으로 처리하지 않는다. 일은 직원들이 하는 것이기 때문에 같이 일을 할 사람과 과정을 공유해야 한다고 생각한다. 그래서 면접에는 나와 인사팀, 그리고 직원이 필요한 부서의 팀장이 모여 결정한다. 서로에 대한 생각이 다르면 논의를 한다. 나는 마음에 드는데 팀장이 마음에 들지 않을 수도 있고, 팀장은 마음에 드는데 내가 마음에 안 들 수도 있기 때문이다. 만약 내가 마음에 들지 않아도 담당 팀장이 끌고 가겠다고 하면 기회를 준다. 대신 "사람이 별로인데, 지금 당장 급하다고 뽑지 마라. 그런 팀원을 데리고 있으면 결국 네가 손해를 볼 거야. 3개월 동안 지켜보고 잘 판단해라"고 충고를 해준다.

또 "힘들어도 책임은 네가 지는 거야. 알고 있지"라고 경고한다. CEO는 월급을 주면서 사람을 고용한다. CEO가 별로라고 하는데 본인이 끌고 가고 싶다고 이야기했으면 그에 대한 책임도 뒤따른다는 것을 알려주는 것이다. CEO가 리스크를 감수하고 사람을 뽑으면 책임을 지겠다고 한 담당 팀장도 리스크를 감수해야 하는 것이 옳다고 생각하기 때문이다. 이런 교육은 직원들이 나중에 범할 수 있는 시행착오를 줄여준다. 미리 경고하면 시행착오가 줄어들고, 일 처리가 좀 더 빨라지는 게 사실이다.

한 사람을 맞이한다는 것은 대단히 중요한 일이다. 우리가 직장에서 보내는 시간을 생각한다면, 자신이 하고 있는 일을 상의하고 그 일의 비전을 공유하는 새로운 관계를 시작하는 일이다. 쉽지 않다고 해도 직원 채용은 깊이 생각해 결정해야 하는 일이다.

질문은
구체적으로
대화는
솔직하게
:

각자의 역할이 분명한 CEO와 직원 간에는
좁히기 어려운 장벽이 있다.
하지만 대화는 많은 것을 풀 수 있도록 돕는다.
그만큼 소통은 중요하며 소통의 방식 또한 중요하다.

사람은 자신이 관심을 받고 있다는 것을 느낄 때 더욱 분발하는 법이다. 관심을 쏟는 사람과 쏟지 않는 사람은 확실히 차이가 난다. 오너라면 직원의 집안 사정이 어떤지, 개인적인 문제는 없는지, 회사 내부적으로 어떤 불만을 가지고 있는지 등에 대해 지속적으로 관심을 가져야 한다.

이것은 직원들과 부딪힐 일이 많고 경력이 적은 직원을 가르쳐가며 일해야 하는 푸드 비즈니스 업계의 특성일 수도 있다. 문제는 직원이 적을 때는 상관없지만, 회사가 커지고 직원이 많아지면 CEO가 일일이 직원을 케어할 수 없게 된다는 점이다. 그렇다고 이들을 케어하지 않을 수도 없는 노릇이다. 자주 대화를 나누는 팀장 이상 직원들과의 소통에는 별 문제가 없지만, 신입사원들까지는 하나하나 관심을 두기 어렵다. 그래서 만든 것이 3개월 면담 시스템이다.

3개월 면담 시스템이란 말 그대로 입사 후 3개월, 6개월, 9개월, 1년 등 3개월마다 CEO가 전체 직원을 돌아가면서 면담하는 프로그램이다. 3개월마다 직원들의 근황을 확인하고, 서로 동기 부여도 하고, 회사의 비전도 알려준다. 승진이 되면 그에 맞는 준비사항들을 알려주고, 회사 생활이 즐거운지 개인적인 목표는 무엇인지 등을 확인한다. 이렇게 지속적으로 직원을 관리하면 갑자기 회사를 그만두거나, 마음대로 행동하는 경우는 거의 없다.

"내가 봤을 때 이런 건 잘 지키고 있지만, 다른 건 못 지키던데, 혹시 내가 잘못 알고 있는 거라면 이야기해줘. 내가 잘못한 거라면 네게 사과할게. 만약 내가 잘못 알고 있는 게 아니라면 네가 잘못한 걸 시인하고 고쳐야겠지?"

3개월 차에는 면접을 보면서 나눴던 대화를 확인하고, 입사해서 잘 적응하고 있는지, 일하는 것이 즐거운지 등을 물어본다. 잘하고 있다면 칭찬해주고, 잘못하고 있다면 문제가 무엇인지 파악하고, 격려한다. 잘못을 지적하는 것은 비난이 아니라 잘못을 깨닫게 함으로써 개인이 성장하고, 일을 원활하게 하도록 돕는 것이다. 이런 업무적인 부분의 확인과 더불어 자존심과 자만심에 대해서도 이야기한다. 3개월이 지나고 회사에 익숙해지면서 앞으로 저지를 수 있는 실수에 대해서 주의를 주는 것이다.

"앞으로 벌어질 일에 대해서 미리 너한테 이야기를 해줄게. 지금부터 너는 자신감과 자만감 사이에서 흔들리게 될 거야. 너는 모르겠지만, 3개월이 지났으니 넌 네가 뭘 좀 알았다고 생각하고, 정직원이 됐으니 자만감이 생길지도 몰라. 그런데 아직 일러. 너는 자만감에 차 있을 때가 아니야. 아직 실수하는 거 있을 거고, 실패하는 거 있을 거야. 그러니까 자신감과 자만감에 대해서 헷갈리지 말도록 해."

6개월 차가 되면 직원들은 왜 3개월 때 내가 그 이야기를 했는지 이해한다. 이처럼 각 면담 때마다 회사 생활은 어떤지, 회사의 비전에 동참하고 있는지 여부를 체크한다.

"나랑 일하면서 앞으로 네 미래가 보여?"

"네 미래가 어떤 모습인지 확실하지는 않겠지만, 그래도 네가 앞으로 어떤 일을 할 수 있을 것 같은 생각이 들어?"

이 질문에 "막연하지만 보인다"고 대답하는 직원이 있고, "잘 모르겠다"고 대답하는 직원이 있다. 전자라면 그 직원에게는 더 큰 비전을 보여주고, 앞으로 더 잘할 수 있도록 격려한다. 후자라면 "그렇다면 우리 회사에서 일하면 안 돼. 왜냐하면 내가 잘못하고 있는 거니까. 너는 네게 맞는 회사를 다시 찾아야 할 수도 있어. 아니면 우리 회사에서 다시 비전을 그려볼 수도 있고. 고민해봐"라고 이야기한다.

3개월 동안 다시 남을지 떠날지 결정하도록 시간을 주는 것이다. 그리고 3개월 뒤 다시 면담하는 식이다.

잘할 것이라고 생각하고 직원을 뽑았는데, 기대에 미치지 못한 경우도 많다. 하지만 그것은 CEO에게도 잘못이 있으므로 절대 직원을 그냥 자르지는 않는다. 대신 먼저 경고한다.

"나는 너랑 같이 가고 싶은 마음이 100이야. 그렇지만 네가 나를 따라오지 못하면 우린 헤어질 수도 있어. 내가 가이드를 줄 텐데, 네가 따라올 수 있으면 너를 계속 끌고 갈 거야. 그런데 만약 가이드를 주는데도 그걸 못 알아듣거나 그냥 넘어간다면 그때는 나랑 헤어져야 할 거야."

면담을 하기 전에는 부사장이나 인사팀을 통해 면담할 직원의 최근 상황을 듣고 누구 때문에 힘든지, 어떤 일로 힘들어 하는지 사전에 캐치하는 것도 요령이다. 그래야 도움을 줄 수 있기 때문이다.

단, 질문은 구체적이고 꼼꼼하게 하되 직설적으로 한다. 돌려서 이야기하면 의미 전달이 제대로 되지 않아 상대가 파악하지 못해 똑같은 실수를 할 수 있기 때문이다. 만약 직원들 간에 불화가 있으면 그 문제를 어떻게 풀 것인지에 대해 논의한다.

면담자가 상급자라면 "네가 마음을 열고 그 아이에게 이렇게 이렇게 해보면 어떻겠니? 해보고 나서 2주 후에 나한테 보고해줄래? 네가 그렇게 행동했을 때 어떻게 반응하는지, 알려줘"라고 이야기하고 2주 후에 다시 확인한다. 어땠는지 물어보고, 잘 해결됐다면 "그래. 내가 봤을 때도 오해가 있었던 것 같았어"라는 식으로 이야기해준다.

"우리 회사에서 일하는 거 즐거워? 얼마나 즐거워? 점수를 후하게 줘."

"80점."

"80? 너무 낮은걸? 알았어. 80점!"

면담을 할 때 반대로 직원들에게 회사의 점수를 요구하기도 한다. 이를 통해 CEO가 회사를 잘 운영하고 있는지 스스로 점검하는 기회로 삼을 수 있기 때문이다.

3개월 면담 시스템은 면접 질의서처럼 각 개월에 맞는 질의서를 별개로 갖추고 있다. 현재 1년까지 면담 시스템이 구비되어 있으며, 앞으로도 계속해서 개발해갈 예정이다.

군이 이렇게까지 직원을 관리해야 하느냐고 의문을 가질 수도 있다. 하지만 이처럼 하나하나 짚어가며 직원과 면담하고, 서로의 문제에 대해 이야기를 해야 업무가 원활하게 돌아간다. 서로에 대한 불신과 오해를 쌓아두고 있으면 일에도 지장이 있고 힘들기 때문이다.

또 지금의 CEO는 과거와는 다른 방식의 리더십을 보여줘야 한다고 생각한다. 요즘은 10대, 20대 사이에서도 세대 차이를 느낀다고 할 정도로 세상이 빠르게 변한다. 무조건 나도 이렇게 일했으니 너도 "해!"라는 방식은 더는 통하지 않는다. 이유를 말해주고, 꼼꼼하게 하나하나 설명을 해야 한다.

가령 인수인계를 할 때도 무조건 "컵은 여기 두고, 포크는 여기에 둬"라고 가르쳐서는 안 된다. 컵이 왜 그 자리에 있어야 하는지, 포크는 왜 그렇게 챙겨둬야 하는지 정확하게 설명을 해야 한다. 그렇게 정보를 공유해야 다른 사람들이 허둥지둥 일하지 않게 된다고 알려주고, 제대로 인수인계가 되었는지도 잊지 말고 체크해야 한다.

이런 소통 방식은 레스토랑을 운영하면서 많이 터득했다. 무엇 하나 허튼 경험은 없는 셈이다.

직원 교육은
CEO의 몫

:

열정 페이 논란이 뜨겁다. 최저임금 논란도 뜨겁다.

카페나 레스토랑을 운영하는 데 있어,

작은 기업일수록 고민이 깊다.

하지만 비켜갈 수 있는 방법은 없다.

직원 교육은 CEO의 몫이고, 정면 돌파만이 답이다.

바쁜 며느리는 시어머니를 위해 일일 가사도우미를 보내지만, 평생 한번도 사람을 부려본 적이 없던 그 시어머니는 넋두리하는 도우미에게 아기 엄마가 고생한다며 일은 일 대로 자신이 다하고, 웃돈을 쥐어서 보내는 드라마를 본 적이 있다. '웃픈' 이야기지만, 현실에서도 이런 일은 비일비재하다.

직원을 고용하는 것은 일을 시키기 위해서다. 직원을 고용해놓고서도 일을 제대로 시키지 못한다면 그것은 전적으로 CEO의 문제다. 아르바이트와 정직원의 일에 차이가 있듯이, 사원도 직급에 따라 일의 내용이 달라지고, CEO도 CEO만의 일을 해야 한다. CEO가 직원이 하는 일을 해서는 곤란하다.

나는 레스토랑을 운영하고 5년이 지나고 팬(pan)을 내려놓아야겠다고 결심했다. CEO는 빅픽처(big picture), 큰 그림을 그려야 한다고 생각했기 때문이다. 계속 팬을 잡는다면 그건 사업가가 아니라 그냥 레스토랑 주인에 머무를 수밖에 없다고 판단했다.

나는 직원이 출근했을 때 표정을 살피고, 문제가 있는지 없는지, 만약 문제가 있다면 그것이 회사 문제인지 내 개인의 문제인지 등을 확인한다. 만약 개인적인 일인데 그것이 회사에서 표출되고, 일에 지장을 주는 것 같으면 그 부분에 대해 지적한다. 공과 사는 분명히 구분되어야 하기 때문이다.

직급이 올라가면 직원에게는 요구하는 일의 내용도 확실하게 달라진다. 일의 내용은 달라지지 않았는데, 회사에서 보낸 시간이 오래되었다고 해서 월급을 올려주는 것만큼 비효율적인 일은 없다고 생각한다. 만약 그것을 캐치하지 못한다면 그건 그것대로 CEO의 잘못이 크다.

"이제 주임을 달잖아. 그럼, 나를 만나고 몇 번 울 거야. 내가 달라질 거거든. 200만 원을 받다가 250만 원을 받으면서 200만 원 받을 때랑 똑같은 일을 하면 칭찬을 받을까, 욕을 먹을까?"
"욕을 먹겠죠."
"그래, 지금까지 해왔던 일을 똑같이 하면 욕을 먹는 거야. 더 많은 일을 해야 해."

프렙의 1년 차는 눈물을 쏙 뺄 만큼 엄격하게 일한다. 이전까지는 주는 일만 하면 되지만, 이후부터는 다르다. 가령 공유서비스 업체에 대해서 알아오라고 했다고 치자. 그런데 보고 내용이 업체명 하나뿐이다. 그럴 때는 일을 지시한 직원을 불러 이야기를 한다.

"지금부터 내가 하는 이야기를 잘 들어. 무엇을 알아오라고 하면 그것에 대해 자신의 생각을 더해와야 하는 시기가 됐어. 지금까지는 잘했어. 하지만 앞으로 자신의 생각을 더해오지 않는다면 이야기는 달라질 것 같아. 깊이 파다 보면 네 생각이 안 나올 수가 없어. 만약 의견이 없다면 그건 네가 열심히 하지 않은 거야.
내가 차량 공유 서비스 업체에 대해서 알아오라고 했어. 그러면 정보를 찾아서 생각을 할 거잖아. 업체와 우리 회사가 연계할 수 있는 게 뭐가 있을까 고민하다 보면 아, 이런 방법은 어떨까 하는 의견이 나올 수밖에 없고, 나와야 한다고 생각해. 그런데 이런이런 업체가 있다는 정보만 던지면 나에게 찾아보라는 건가?"

직급이 올라가면 월급이 오르고, 월급이 오르면 더 많은 일을 하고, 자신이 하던 일은 아랫사람에게 나눠줘야 한다. 그 일을 어떻게 나눠 줄 것인지, 나눠주고 난 후에 확인은 어떻게 해야 하는지까지 확실하게 교육해야 한다. 힘들겠지만, 이렇게 가르쳐야 배우는 것도 많고, 성장도 빠르다.

만약 쿠킹 클래스를 맡기면 일을 진행하다 외국인의 참석이 눈에 띌 수 있다. 그러면 "외국인 쿠킹 클래스는 어떨까요?"라고 의견을 제시할 수 있어야 한다. 혹은 "외국인을 위한 제품을 한번 만들어보는 것은 어떨까요?"라고 회사와 연결할 수 있어야 한다. 큰 비전은 CEO가 제시하는 것이 맞다. 그 비전 안에서 세세하게 연결할 수 있는 방법은 직원이 해야 하는 중요한 역할이다.

CEO는 직원들에게 분명한 메시지를 전달해야 한다. 자신이 중심을 잡지 못하고, 허둥지둥하면 직원도 따라서 허둥지둥할 수밖에 없다. 이렇게 분명하게 가이드를 주는데도 따라오지 못하면 가만 두어도 본인이 견디지 못하고 저절로 나간다. 능력이 안 되기 때문이다.

컵을 떨어트려서 안에 있던 물과 함께 컵이 산산조각이 났다. 이럴 때는 "어떻게 해~"를 외치며 발을 동동 구르기보다는 깨진 유리조각을 주워 담고 걸레를 가져다 재빨리 수습해야 한다는 것이 나의 원칙이다. 그런데 일이 터지면 방법을 찾지 않고 의외로 발만 동동 구르며 벌어진 일에 대해서만 이야기하는 사람이 적지 않다.

"대표님, 문제가 생겼습니다. 이 건에 대해 이렇게 처리하려고 합니다. 어떻게 생각하세요?"

문제가 터지면 적어도 이 정도로 보고할 수 있도록 가르치는 것이 CEO의 몫이라고 생각한다. 그리고 그렇게 일하는 직원에 대해서는 충분히 칭찬하고 그에 맞는 대우를 해준다. 이렇게 단련된 직원들은 1년 후 몰라보게 단단해져 있다. 그리고 그 단단함은 일의 성과로 반드시 이어진다.

작은 식당도 '기업'이다
반드시 갖춰야 할 경영 마인드

1 기본적인 공부가 필요하다

CEO는 멀티 플레이어여야 한다. 회계면 회계, 경영이면 경영, 홍보면 홍보 등 기업 운영에 필요하다면 기본적으로 공부를 해야 한다. 단순히 감만으로 사업을 운영해보겠다는 것은 아마추어의 자세다. 특히 숫자에 밝아야 한다. 숫자만 보면 머리가 아프다거나 복잡해서 보기 싫다는 변명은 통하지 않는다. 성공하고 싶다면 특히 숫자와 친해져야 한다.

2 확실하게 주고받아라

'이런들 어떠하리 저런들 어떠하리'의 태도는 전혀 사업에 도움이 되지 않는다. 일을 할 때는 맺고 끊는 것이 명확한 것이 좋다. 같이 일하는 상대와도 마찬가지다. 애매모호한 태도를 취하거나 변명을 늘어놓는 사람과는 함께 일을 하지 않는 것이 좋다. 소비자든, 거래처든, 직원이든 줄 것은 주고, 받을 것은 확실하게 받도록 한다. 그래야 뒤탈 없이 깔끔하게 일을 처리할 수 있다.

3 부정 말고, 긍정

'반밖에 남지 않았네'와 '반이나 남았네'는 접근 방식이 전혀 다르다. 어느 쪽을 택할 것인가는 개인의 몫이다. 꽃병을 깨트렸다면 호들갑을 떠는 대신 빗자루를 찾아 쓸고, 물을 엎질렀다면 젖을 것을 염려하기보다 걸레를 들고 재빨리 닦아내면 된다. 사업을 하려면 부정적인 면도 긍정적으로 바꿀 수 있어야 한다. 세상 일은 어렵다고 생각하면 한없이 어렵고, 기회라고 생각하면 기회가 될 수 있다. 부정적인 마인드도 노력에 의해 긍정적인 마인드로 바꿀 수 있으며, 오너의 긍정적인 기운은 직원에게도 전달이 된다.

4 여유가 있어야 회사를 경영한다

사장이 직원보다 더 바쁜 회사가 있다. 하지만 사장이 바쁘면 바쁜 만큼 기업은 크지 못한다. 사장은 여유가 있어야 전체를 볼 수 있고, 사업 아이디어를 구상할 수 있으며, 그 비전을 가지고 직원에게 일을 시킬 수 있다. 만약 너무 바빠서 전체를 돌아볼 여유가 되지 않는다면 당장 하던 일을 멈추고, 자신의 주변부터 먼저 정리하도록 한다.

5 자존심을 지켜라

자존심이 강한 사람은 다른 사람들에게 실패한 모습을 보이고 싶어 하지 않는다. 자존심은 사업을 성공시키고자 하는 강력한 동기가 된다. 회사의 CEO는 끝까지 자신에 대해, 사업에 대해 자존심을 지키고 당당해야 한다.

CEO
역할론
:

CEO는 직원이 책무를 잘 해낼 수 있도록 서포트해야 한다.

그런 CEO가 자신의 역할을 파악하지 못한다면

직원은 누구를 믿고 따를 수 있을까?

성공의 길은 요원해질 수밖에 없다.

회사에서는 호칭 문제도 중요하다. 호칭을 그다지 중요하게 생각하지 않는 CEO도 있지만, 내 생각은 다르다. 특히 요즘 대학생들은 휴학을 하거나 어학연수 등 여러 가지 사유로 졸업 일정이 다르다. 남자들은 군대도 걸려 있다. 그렇다 보니 사회에 진출하는 시기가 제각각이고, 같은 나이라도 경력에 차이가 나기 마련이다. 특히 레스토랑에서는 다양한 연령대가 모여 일한다. 그렇다 보니 언니, 누나, 형, 오빠 같은 호칭을 대부분 사용한다.

하지만 나는 회사 사규로 엄격하게 이를 금지시킨다. 자칫 공과 사가 명확하게 구분되지 않기 때문이다. 업무 시간이 끝난 후에는 뭐라고 불러도 상관없지만, 업무 시간만큼은 반드시 직함 혹은 'OO 선배', 혹은 'OO씨'라고 부르도록 하고 있다.

이렇게 하지 않으면 아무것도 아닌 괜한 일로 오해가 생겨 일에도 영향을 미치고, 결국은 두 사람이 동시에 그만두는 경우를 많이 보았기 때문이다. 처음에는 이런 나의 지시를 이해하지 못하던 신입사원도 시간이 흐르면서 그 이유를 알게 된다.

"내가 왜 호칭이 중요하다고 했는지 그 이유에 대해 말해볼래?"

"제가 일을 해보니까 나이 많은 후배가 들어왔는데, 형 이거 해, 라고 못하겠더라고요. OO 씨, 이거 해주세요, 이게 더 편하더라고요."

"호칭이 필요해? 안 필요해?"

"필요합니다."

"계속 할 거야, 안 할 거야?"

"하겠습니다."

대화로 풀지 못할 일은 없다. 웬만한 일은 서로 대화를 통해 풀어나간다. 그렇다 보니 프렙은 회의가 많다. 주간 회의는 기본이며, 팀별 회의, 월말 회의 등 회의가 끝이 없다. 회의를 통해 담당자들에게 일을 나눠주고, 일의 순서를 조정하고, 일이 어떤 식으로 진행되고 있는지 체크하고, 언제까지 일을 해야 할지 기간을 정한다. 만약 중간에 더 중요한 일이 생기면 다시 일의 우선순위를 정하고, 다음 일은 언제까지 가능할지 조정한다.

또 회의를 통해 대화를 많이 함으로써 서로를 이해하고, 그 직원이 충분히 일을 숙지했는지, 일의 과정은 어떻게 받아들이고 있는지, 그 다음 단계로 넘어가도 될지를 알 수 있다.

요즘 젊은이들은 야근을 싫어한다. 나 역시 직원들이 야근하는 것이 싫다. 오랫동안 일을 하기 위해서는 컨디션 조절이 우선이다. 그런데 야근을 자주 하면 다음날 영향을 미치게 되고, 피로가 누적되면 열정마저 갉아먹게 된다. 따라서 월말에 야근표가 나오면 그 표를 보면서 일이 많아서 문제인지, 아니면 일을 제대로 처리하지 못해서 야근이 많은 것이지 확인하고 다시 일을 조정한다. 이렇게 대표가 신경을 쓰고 있다는 것을 알면 직원들도 근무 시간 내에 일을 끝내려고 노력한다.

CEO는 직원이 일을 할 수 있도록 아낌없이 지원하는 사람이다. 그리고 직원의 역량을 측정해 일을 조율함으로써 직원이 편하게 일할 수 있도록 만들어주는 것이 CEO의 역할이다.

일은 직원이 하는 것이다. 물론 지금도 현장이 바쁘면 언제든지 뛰어 내려간다. 조리 복장을 입기도 하고 재료 포장도 돕는다. 홀에서 서빙도 하고, 주방에서 팬을 잡기도 한다. 하지만 CEO의 주 업무가 주방 보조가 되어서는 안 될 것이다.

알아두면 유용한
협상의 기술

1 혼자 말고 함께 의논한다

사장이 회사를 이끌어나가는 것은 맞지만, 혼자 생각하고 일방적으로 결정을 내려서는 안 된다. 여러 분야의 사람으로부터 이야기를 듣고, 조언을 구하도록 한다. 신입사원의 참신한 아이디어를 듣는 것도 필요하다. 최종 결정은 CEO의 역할이지만, 충분히 의견을 듣고 취합하는 과정은 필요하다. 생각하지 못했던 아이디어나 방향 등을 떠올릴 수 있다.

2 사업의 방향을 예측하고 득실을 비교하라

사업을 할 때는 무엇을 얻고 잃게 될 것인지에 대한 예측을 해볼 필요가 있다. 다양한 자료를 바탕으로 체계적으로 비교하고, 구체적으로 상상한다. 사업에 대한 결과를 예측하고, 그에 대비해야 하는 것은 맞지만, 점쟁이가 아닌 이상 예측이 절대적인 것은 아니다. 따라서 적절한 임기응변과 융통성이 필요하다.

3 돈 이야기는 견적서로

한 회사의 대표가 비즈니스 상대를 만나 돈 이야기를 직접적으로 꺼낼 필요는 없다. 우리에게는 견적서라는 훌륭한 툴이 있다. 견적서를 작성할 때는 네고할 것을 염두에 두고 어느 정도 여백을 남긴 상태에서 넣어야 한다. 때로는 정직이 정답이 아닐 때도 있다. 또한 어느 정도 선에서 협상을 받아들인 것인지에 대한 기준을 미리 정해두어야 한다. 사전 준비 없이 지나치게 낮은 금액을 수용하게 되면 결국 그 피해는 회사로 돌아온다.

4 단계를 두고 진행하라

비즈니스 상대와 계약이 있을 때는 사전에 목표를 정해두고 진행한다. 계약 완료까지 미팅은 몇 회까지 가지고 갈 것인지 큰 그림을 그리고, 각 단계에서 나누어야 할 주제를 정해서 미팅에 들어가도록 한다. 미팅이 끝나면 단계마다 미팅의 내용을 가지고 회의를 통해 이후 미팅에는 어떤 주제로 이야기할 것인지, 목표 조정이 필요한지, 방향은 어떻게 가지고 갈 것인지 등에 대해 논의하며 세밀하게 내용을 다듬은 뒤 다음 단계를 진행한다.

5 오래 끄는 계약은 과감하게 정리한다

일은 계약서를 쓰고 난 후 진행한다. 프로젝트가 크거나 체크해야 할 사항이 많은 경우를 제외한 일반적인 일은 3~4번의 미팅 후 계약을 체결하는 것이 좋다. 오래 끌면 서로 지치고, 일만 쌓이며, 피로도가 높아진다. 그러므로 일은 가능한 한 빨리 마무리 짓는 것이 좋다. 오래 질질 끄는 일일수록 끝이 좋지 않은 경우가 많다.

비전은
말 아닌 성과로
:

CEO는 직원에게 비전을 제시한다.

하지만 과연 눈에 보이는 성과 없이

무수한 말만으로 비전을 보여줄 수 있을까.

목표를 이뤄나가는 과정과 결과를 보여내는 CEO의 모습이

가장 아름답지 않은가.

생각해 보면 20대 후반~30대 초반이 가장 열심히 일할 때이자 제일 고민이 많은 때이기도 하다. 하지만 푸드 비즈니스에서 이 나이는 고민할 때라기보다, 자신이 나갈 길을 정해서 그 목표를 향해 나아가야 할 때다.

일반적으로 20대 중반에는 확실하게 자신이 갈 길을 정해 일을 시작하고, 회사에 들어가서 일을 배우면서 경력을 쌓고 자신의 그레이드를 높여간다.

그럼에도 여전히 이탈리안을 할 것인지 일식을 할 것인지부터 시작해서, 계속 요리를 할 것인지 그만둘 것인지, 유학을 갈 것인지 국내에 남을 것인지 등 고민하는 이들이 주변에 적지 않다. 그런 모습을 볼 때마다 참 안타깝다. 그래서 나는 그들이 조금이나마 흔들리지 않고 중심을 잡을 수 있도록 도와주고 싶다.

"대표님, 고민이 있는데 1시간 정도 일찍 출근하실 수 있으세요?"
"대표님, 저도 큐브 좀 가르쳐주세요."
"대표님, 회사가 너무 멀어서 고민이에요. 회사 다니기 힘들어요."

나는 직원들과 많은 이야기를 나눈다. 직원들이 궁금해하거나 상담을 요청하면, 시간이 맞으면 언제든지 응한다. 그리고 필요하면 재무 상담까지도 한다. 그렇게 직장 선배로, 인생 선배로 최선을 다하고자 한다. 그건 아마도 어린 나이에 창업해 나와 비슷한 또래의 어린 직원과 부대끼면서 서로가 서로를 이해하기까지 오랜 시간 힘들어

한 경험이 있기 때문일 것이다.

사람들은 다들 각자의 입장에서 생각한다. 그것을 어떻게 풀 수 있을지는 결국 솔직하게 터놓고 대화하는 수밖에 없다. 나는 가끔 직원들에게 이야기한다.

"너희는 너희만 상처받는다고 생각하지? 나도 사람이기 때문에 너희들에게서 상처 받아. 내가 너희에게 상처 준다고 생각하지 마. 나도 너희들 때문에 아파. 그냥 내가 대표이기 때문에 안 아픈척 할 뿐이야. 그걸 아프지 않다고 생각하면 안 될 것 같아."

사람은 누구나 아프다. 개인마다, 상황마다 아픔의 크기가 다르다고 생각하는 사람이 있지만, 아픔은 절대적이다. 저 사람이 겪는 상황보다 내 상황이 좀 더 낫다고 해서 아픔의 크기가 줄어드는 것은 아니다. 1cm가 찢어지나 10cm가 찢어지나 아픈 것은 같다.

이런 서로의 아픔을 터놓는 동시에 서로를 이해함으로써 강한 결속력을 가진 단단한 회사로 성장할 수 있다고 믿는다. 그리고 말뿐이 아닌, 행동으로 보여줄 수 있는 CEO가 되어야 한다고 생각한다.

그랑씨엘에서 아르바이트를 하던 친구 중에서 꽤나 똘똘한 친구가 있었다. 무엇을 전공했느냐고 물어보았더니 디자인을 배웠다고 했다. 그 친구가 마음에 들었던 나는 사업을 시작할 건데 같이 일해보지 않겠느냐고 제의했다. 하지만 "전 프리랜서가 더 맞을 것 같습니다"

라며 정중하게 거절했다. 프렙을 설립하고 몇 달 후 그 친구가 나를 찾아왔다.

"대표님, 저도 면접을 봐도 될까요?"

"왜? 넌 직장 생활 안 한다면서?"

"대표님이 회사를 만들고 키우시는 걸 보니까 저도 같이 일해보고 싶다는 생각이 들어서요."

그렇게 그 친구는 프렙에서 같이 일하게 되었고, 지금은 디자인 팀장을 맡고 있다. 2년간 동고동락했던 디자인 팀장은 지금 유학을 준비하고 있다. 유학을 준비하면서 회사를 그만두겠다고 통보해왔을 때 이유를 묻자 "안 될 것 같은 것을 하나씩 이루어가는 대표님을 보면서 접었던 꿈을 다시 꾸게 되었어요. 더 늦기 전에 제 꿈에 다시 한 번 도전해보고 싶습니다"라는 것이 아닌가. 실력이 있고, 놓치기 아쉬운 아까운 인재였지만, 자신의 꿈을 찾아가겠다고 하는 사람을 어쩔 수는 없는 노릇이었다.

"그래? 그럼 학비는 어떻게 마련할 거야?"

"아르바이트해야죠."

"너 같은 고급 인력이 무슨 아르바이트를 해. 쓸데없이 다른 데 가서 몸 혹사하지 말고 그냥 나올 수 있는 만큼 회사에 나와서 일해. 그러면 일수에 맞춰서 월급 줄게. 그리고 유학 가서도 현지에서 네가 할 수 있는 일을 만들어봐. 그것도 네 능력이야."

2018년에 떠날 준비를 하고 있는 디자인 팀장은 지금은 일주일에 사흘간 프렙에 나와서 일을 하고 있다. 그리고 그 결과에 나도 만족한다. 그리고 이런 관계는 직원들에게도 자극을 주고 있다. "아, 저럴 수도 있구나", "나도 열심히 해야겠다"는 동기를 얻는 것이다.

이렇게 지금까지 나와 함께 일했던 직원 3명을 독립시켰고, 그들은 성공적으로 회사를 운영하고 있다. 남편은 직원들에게 너무 자신감을 심어주지 말라며 우스갯소리를 할 정도다. 하지만 나는 이것도 인생 선배로서의 역할이라고 생각한다.

동기부여나 비전은 입으로만 떠들어서 줄 수 있는 것이 아니다. CEO가 직접 몸으로 보여주어야 한다. 일을 하다 보면 회사가, 일이 마냥 좋을 수만은 없다. 하지만 얼마만큼 직원이 일하고 싶게끔 만드는가는 CEO의 중요한 역할이라는 건 분명하다.

IT 위에 음식
음식 위에 IT
:

프렙을 시작하면서 IR을 첫 목표로 삼았다.
기대했던 상황에서 실패를 만나기도 하고
스스로 지켜왔던 자존심이 무너질 때도 있었다.
하지만 어느 순간이라도 나 자신에게 당당해지기 위해 노력했다.

"도대체 어떤 사업인가요?"

밀 키트(쿠킹박스) 시장은 여전히 일반인들에게는 낯선 서비스다. 사업 승인을 받을 때는 구청에 아예 쿠킹박스를 들고 가서 내용물을 보여주면서 일일이 설명해야 했다. 이탈리안 레스토랑이라고 하면 사람들이 금세 이해하지만, 아직 일반화되지 않은 밀 키트 사업을 말로 설명하기에는 역부족이었기 때문이었다.

프렙은 시작부터 투자를 염두에 두고 있었다. 레스토랑은 개인 돈을 가지고 소꿉장난처럼 하다 말아도 되고, 최악의 경우 문을 닫아도 어쩔 수 없는 경우도 있을 수 있지만, 프렙은 그렇게 시작할 수 있는 사업이 아니었기 때문이었다. 그래서 프렙의 첫 번째 목표는 투자 유치였다.

그래서 프렙은 본격적으로 사이트를 구축하기 전부터 투자를 받기 위해 IR(Investor Relations, 사업설명회)을 다녔다. 나는 자신이 있었지만, 세상은 냉랭했다. 쉽지 않은 도전이었다.

나는 레스토랑을 10년 넘게 운영한 것이 상당히 의미 있는 일이라고 생각했지만, 우리나라에서는 오히려 투자를 받는 데 방해가 됐다. 세상 물정을 너무 많이 알아서 스타트업이 아니라고 했고, 이미 돈을 벌고 있으니 그 돈으로 사업을 하라고 했다. 외국에서는 오히려 비즈니스 경력이 있다고 하면 평가를 높이는데 우리나라는 그와 정반대였다. 그때마다 나는 당당하게 맞섰다.

"레스토랑은 제가 먹고살기 위한 비즈니스이고, 프렙은 이와는 별개의 비즈니스입니다. 밀 키트 시장을 우리나라에 알리고, 사람들에게 더 나은 삶을 꿈꾸게 만드는 것이 바로 프렙입니다."

IT를 기반으로 하는 많은 스타트업이 생겨나고 사라진다. 프렙은 IT에 음식을 얹은 사업이 아닌, 음식 위에 IT를 얹은 사업이다. 절대 뿌리가 흔들릴 리가 없다. 그렇기 때문에 그 어떤 스타트업보다도 자신이 있었다. 하지만 투자를 유치하기까지 수많은 IR을 다녀야 했다. 자존심도 많이 상하고, 기분 나쁜 적이 한두 번이 아니었다.

결국 몇 번의 투자 유치에 실패하고 절망하고 있을 때, SBA(서울산업진흥원)에서 소규모 스타트업을 지원하는 사업이 있다는 것을 알게 되었다. 국책 사업에서 투자를 받을 수 있으면 2차 투자가 쉽다는 조언을 듣고, SBA에 도전하기로 결정했다. 하지만 이 역시 앞을 예상할 수 없는 험로였다. 첫 시도에서 50개 업체 중 당선이 되었다. 지원한 업체 중 총 5개 업체에 든 것이다.

그런데 SBA에서도 처음 하는 사업이다 보니 결론을 내리지 못하고, 연기가 되었다. 얼마 후 2차 IR을 하라는 연락이 왔다. 5개 업체와 새로운 신생 업체를 모아 다시 비딩을 시켰다. 투자금 5억 원은 1억 원으로 쪼그라들었다.

달리 방도가 없었던 나는 다시 IR을 했고, 또 선정이 되었다. 계약서를 쓰기까지 몇 달을 기다렸고, 계약서를 썼지만 결국 그 계약서마저 파기되었다.

그러면서 주관하는 회사가 바뀌었다. 황당한 일이 아닐 수 없었다. 회사도 바뀌고, 담당자도 바뀌면서 다시 3차 IR을 하게 되었다. 금액은 다시 1억 원에서 5천만 원으로 줄어 있었다. 5천만 원이면 개인 돈으로 할 수 있을 금액이었지만, 억울해서라도 포기하고 싶지 않았다. 그런데 이때 투자회사가 나섰다. 맨 처음 SBA에서 1차 IR을 했을 때 프렙을 좋게 본 투자회사 대표였다. 1년 가까이 투자를 못 받고 있는 것을 본 그 대표는 직접 나서서 파트너를 끌어들여 투자했다.

IR 활동을 시작한 지 1년 반 만인 2016년 여름에 1차 투자를 받고, 연말에 2차 투자를 받아 총 5억 원의 투자금을 유치할 수 있었다.

우여곡절이 많은 첫 투자 유치였지만, 아무것도 모른 상태에서 배운 것은 더 많다. 그리고 이렇게 안 될 것 같은 투자를 결국 해내는 것을 보며 직원들도 많이 고무되었다.

올해 3차로 50억 원을 투자받은 상태다. 투자를 위해 IR을 하면서 기대했던 상황에서 실패를 만나기도 하고 스스로 지켜왔던 자존심이 한순간 무너질 때도 있었지만 그런 순간에서 나는 더욱 당당하게 맞섰다.

"투자를 안 하신다고 해도, 자존심 때문이라도 저는 결코 이 사업을 포기하지 않을 겁니다. 하지만 언젠가는 꼭 투자해주십시오."

기초가 탄탄해야 무너지지 않는다

:

땅을 깊이 다진 건물은 지진이 와도 흔들리지 않는다.

사업도 마찬가지다.

시스템이든, 직원 관리든, 홈페이지의 시스템 구축이든,

이 모든 것들은 기초가 탄탄해야 쉽게 흔들리지 않는 법이다.

2015년 12월 프렙을 설립한 뒤 완전히 팀이 갖춰지기까지 1년 반 정도가 걸렸다. 대부분이 사회 초년생이고, 많지 않은 인원이지만 내가 직원들에게 공을 들이는 이유는 회사가 커감과 동시에 그들이 팀장이 되고, 회사를 키워나가게 될 창립 멤버이기 때문이다.

건물을 아무리 멋지게 쌓아올려도 땅 다지기를 제대로 하지 않으면 무용지물이다. 어떤 일이든 기초가 단단해야 무너지지 않는다. 기업도 마찬가지다. 기초를 탄탄하게 다져두지 않으면 어느 기점에서 회사가 더 커지지 않는다거나 문제가 발생하게 된다. 그것은 회사 시스템은 물론 직원 관리 등 모든 면에서 마찬가지다.

내가 시간이 걸리더라도 매뉴얼을 구성하는 것, 아무리 시간이 오래 걸려도 홈페이지를 바닥부터 다시 다지려 했던 이유는 기초가 탄탄해야 함을 잘 알고 있기 때문이다.

투자를 받고 가장 먼저 시작한 것은 홈페이지와 앱 개발이었다. 과거 카페24에서 운영했던 사이트는 가장 단순한 기능만 있는 100만 원짜리 홈페이지였다. 지금의 홈페이지는 내가 원하는 기능을 구현하기 위해 초기 투자금을 몽땅 쏟아부어 개발한 사이트다.

프렙에서는 메뉴를 주문하면 각 메뉴마다 희망 수령일을 달리 선택할 수 있다. 또 내가 살 것과 선물할 것을 한꺼번에 결제할 수 있다. 다른 데서는 만약 내가 구입을 하고, 선물도 하려면 각각 따로 결제해야 한다. 그만큼 불편하다.

상품권의 경우 현금으로 받아야 하기 때문에 카드 결제 기능과 달리 프렙 사이트에서 결제를 하지 못하고 다른 사이트로 넘어가야 한다. 하지만 모든 과정이 프렙 사이트 안에서 일어나는 것처럼 보여야 하기 때문에 그것을 구현하는 데 많은 어려움이 있었다. 이처럼 유저의 편의를 위해서 말도 안 되는 기능을 구현하기 위해 개발 비용을 쏟아부은 것이다.

지금의 홈페이지를 구축하는 데만 꼬박 1년이 걸렸다. 맨땅에 다시 집을 지었기 때문이다. 과거 프렙이 카페24에 몰을 오픈한 것처럼 기본 쇼핑몰 위에 집을 지은 브랜드도 많다. 하지만 맨땅에 집을 짓는 것과 다른 집에 얹혀서 장사를 하는 것은 확장성 면에서 크게 차이가 난다.

나는 좋은 것이 있으면 모두 다 하고 싶어 하기 때문에 오래 걸리더라도 새로 사이트를 구축하는 편을 선택했다. 그리고 이런 편리함 때문에 유저들이 프렙을 더 자주 이용하게 될 것이라고 믿는다.

프렙의 재구매율(한 달에 한 번이라도 구매하는 사람)은 40%다. 패션 쇼핑몰의 경우 방문자 100명 중 1명이 구매까지 이어진다는 통계가 있다. 즉 1% 정도밖에 되지 않는다. 우리나라의 수많은 온라인 쇼핑몰 대다수의 현실이다. 그렇기 때문에 40%라는 수치를 보면 투자사들이 깜짝 놀란다.

하지만 나는 전혀 놀랍지 않다. 오랫동안 레스토랑을 하며 고객들의 충성도를 보았기 때문이다. 그래서 맛에만 초점을 맞추면 사업이 성공할 수 있다는 것을 자신할 수 있었다. 무수한 시행착오를 겪어온 그동안의 경험으로부터 얻은 확신이다.

투자사들이 물어올 때마다 나는 이렇게 대답한다.

"그거야 이송희, 저 때문이지 않겠어요?"

나의 목표는
'새우깡'
:

꿈은 간직하는 것이 아니다.

꿈은 키워나가는 것이다.

현실의 문제에 좌절하지 말고,

뚫고 나아갈 수 있는 방법을 끊임없이 찾아야 한다.

나는 예전부터 프리미엄 키친웨어 편집숍인 윌리엄스 소노마를 좋아했다. 언젠가 윌리엄스 소노마 같은 기업을 운영해보고 싶은 욕심이 있었다. 하지만 가진 것 하나 없는 내가 윌리엄스 소노마를 목표로 삼기에는 무리가 있었다.

그런데 밀 키트 시장이 성장하는 것을 지켜보며, 밀 키트 사업을 중간 단계로 거친다면 윌리엄스 소노마도 꿈으로만 그치지 않을 것이라는 생각을 갖게 되었다. 그래서 지금의 프렙은 쿠킹박스만 취급하지 않는다. 식자재는 물론 요리와 함께 내놓으면 더욱 돋보이는 주방용품도 함께 판매하며, 한쪽에만 치우치지 않고 두 가지를 동등하게 진행 중이다.

그리고 프렙은 언젠가 아시아로 진출할 것이다. 우리나라는 문화를 받아들이는 것이 빠르기 때문에 밀 키트 시장도 아시아의 다른 나라에 비해 빨리 진행되는 편이다. 덩치를 키운 미국이나 유럽 회사가 아시아 시장으로 진출하려고 할 때 우리나라가 그 교두보 역할을 할 것이고, 그때는 분명 프렙과 같은 기업의 역할이 있을 것이라고 생각한다. 그리고 나의 예상대로 이 일도 어느 정도 진행되고 있다.

꿈은 간직하는 것이 아니라 키워나가는 것이다. 내가 쉬지 않고 일을 확장하는 것도 내가 앞으로 나가야 내 뒤를 따라 후배들도 한발씩 앞으로 나아갈 수 있다고 믿기 때문이다.

몇 년 전 대학교에서 강의를 한 적이 있다. 학생들에게 무엇을 가르쳐줄 것인가, 기대감과 열정에 휩싸인 나는 흥분했다. 하지만 한 학기가 끝나기도 전, 나의 기대는 열의 없는 학생들을 보며 커다란 실망으로 바뀌어져 있었다. 1년 뒤에 강의를 끝내면서 나는 학생들에게 물었다.

"너희들은 학교를 왜 다니니?"

열정은 누가 키워줄 수 있는 것이 아니다. 자신이 품는 것이다. 현실과 이상 사이의 괴리를 인정하지 못하고 마냥 괴로워하기만 해서는 결코 전진할 수 없다. 목표 없는 학생들은 마치 학교를 떠도는 유령처럼 스산해 보이기만 했다. 강의를 마치고, 학교 측에서는 강의를 연장해달라고 했지만, 나는 1년만으로 충분하다며 사양했다. 그런 학생들의 맥 빠진 모습은 더 이상 보고 싶지 않았기 때문이다.

우리 부부는 지금도 친구들과 모여 파티를 하고, 춤을 추러 다니고, 웨이크보드를 타면서 인생을 즐긴다. 클럽은 남편과 내가 아직도 매력 있다는 것을 서로 뽐내는 자리다. 각자의 생활을 즐기지만, 서로를 확실하게 믿는다.

아버지는 부부동반으로 외출할 때 엄마 한번도 재촉하는 법이 없었다. 충분히 아름답게 꾸미라고 하시며 기다려주셨고, 그렇게 예쁘게 단장하신 엄마와 함께 외출하는 것을 좋아하셨다. 이처럼 우리의 일상은 생명력으로 가득하다. 직원들이 이제는 집에 들어가야 할 시간이라며 말릴 정도다.

나는 안다. 많은 사람이 사업을 하며 힘들어 할 때 남편이 있어 버틸 수 있었다. 내가 최악으로 치달을 때는 남편이 위로해줬고, 남편이 최악으로 힘들어할 때는 내가 옆에서 위로해줬다. 서로가 서로에게 힘이 되어주었기 때문에 여기까지 올 수 있었다.

"새우깡을 만들 거야."

나는 농담처럼 '새우깡'을 만들 것이라는 말을 오래전부터 하고 다녔다. 하지만 결코 농담이 아니다. 스테디셀러 상품이든, 수수료 베이스든 계속 돈이 들어오는 구조를 만들 것이다. 나는 이 꿈을 현실로 실현시킬 것이다.

올해에도 많은 계획이 있다. 가장 먼저 한국 사람을 위한 쿠킹 클래스와 별도로 태국의 '블루 엘리펀트'처럼 외국인을 상대로 하는 영어 쿠킹 클래스를 열 예정이다. 외국인 쿠킹 클래스로 돈을 벌 목적은 아니다. 이 쿠킹 클래스를 통해 프렙의 소스를 팔 예정이다.

한 가지 소스로 10가지 이상 요리할 수 있는 된장과 간장, 멀티 소스를 만들 것이고, 떡볶이 소스도 만들 것이다. 외국인들이 쿠킹 클래스에서 맛있다고 느끼면 자국으로 돌아가 그들이 자청해서 프렙의 홍보대사가 되어줄 것이다. 그렇게 프렙이라는 브랜드는 서서히 외국에 알려질 것이다.

이렇게 한 단계 한 단계 밟아나가다 보면 하나의 아이템으로 수십 년간 수익 구조가 되어주는 '새우깡'이 만들어질 것이고, 어느 누구도 부럽지 않은 정상에 서 있을 것이라고 나는 믿는다. 머지않아 많은 일자리를 로봇에게 빼앗긴다고 하지만, 천운인지 다행히 나는 사양산업을 택하지 않았고, 그런 선택을 할 수 있게 된 것에 감사하다.

사그라들지 않는 나의 열정과 힘은 지금보다 더 먼 곳으로 나를 데리고 갈 것이며, 그곳에는 프렙이 나와 함께 반짝이고 있을 것이다.

SSONG CHEF'S
FOOD BUSINESS

돈이 곧 기회다.
투자 유치 성공 전략

1 첫 술에 배부르지 않다

융자는 모든 책임을 기업에서 져야 하지만, 투자의 책임은 투자자에게 있다. 따라서 투자 유치 성공까지는 결코 쉽지 않다는 것을 각오해야 한다. 수없이 거절당하고, 무시당하고, 자존심 상하고, 기분도 나쁠 것이다. 하지만 거절당한다고 해서 기가 죽거나 약해져서는 결코 성공할 수 없다. 도전하고, 도전하고, 또 도전한다는 칠전팔기(七顚八起), 구전십기(九顚十起)의 각오로 임해야한다. 남의 돈으로 사업하는 것이 결코 쉽지 않다.

2 국가 지원이 먼저다

정부는 스타트업 지원 사업에 관심을 기울이고 있다. 국가 기관으로부터 투자 유치에 성공하면 2차 투자가 쉬워진다. 그 외 청년창업이나 여성기업 지원 등 국가로부터 지원받을 수 있는 방법을 찾아본다. 중소벤처기업부와 산하 기관 정보를 알려주는 정부의 창업 포털 사이트 'K-스타트업'이나 정부의 지원사업을 한데 묶어 보여주는 '비긴메이트' 등을 이용하면 좀 더 편리하다.

3 회사의 장점을 정확하게 전달하라

투자사는 능력 있는 신랑을 찾는 것과 같다. IR을 준비할 때는 회사의 장점이 무엇인지 간결하게, 강렬하게 전할 수 있는 방법을 강구해야 한다. 투자를 유치하고자 하는 스타트업은 많다. 그중에서 돋보이기 위해서는 다른 곳과 차별화되는 점이 무엇인지 강조하고 투자사에게 호감을 어필할 수 있어야 한다. 자사의 경쟁력으로 투자사를 어떻게 만족시킬 수 있는지, 돌발 질문으로 어떤 것이 나올 수 있는지 자가 점검한 뒤 수없이 다듬고, 수없이 연습해 대비하도록 한다.

4 자금 조달 여유가 있을 때 도전하라

투자자는 자금이 고갈되었을 때 찾기 쉽다. 그러나 궁핍해 보이는 상품을 사려는 사람은 없다. 투자자도 마찬가지다. 시장에서 포장을 잘해야 물건이 잘 팔리는 것처럼 상품 가치를 인정받고 싶다면 자금이 고갈되기 전 미리 서두르는 것이 좋다. 단, 투자 의사를 확인하기 전까지는 세세하게 투자 조건을 언급하지 않는 것이 좋다.

5 자신을 믿어라

스스로에게 확신이 없는 사람은 보는 사람도 금세 알아챈다. 상대가 불신의 눈길을 보내고, 무시하고 거절당해도 항상 자신을 믿고 당당해야 한다. 단, '무조건 믿어라'는 식의 접근은 잘못된 것이다. 자신의 분야에 대한 전문적인 지식과 정보로 무장하고 투자자를 설득해야 한다.

better life의 마지막은
주방

엄마는 아버지를 위해 항상 갓 지은 따뜻한 밥을 준비하셨다. 한번도 귀찮다거나 힘든 내색 없이 비가 오나 눈이 오나 항상 아버지를 위해 주방에 서셨다. 아버지는 엄마가 쏟는 정성과 따뜻함을 에너지 삼아 밖으로 나가 사업을 하시고, 그렇게 번 돈으로 가족과 주위 사람들에게 베풀며 사셨다. 어릴 때부터 그런 부모님을 지켜봐왔던 나는 주방이 가지고 있는 힘을 잘 알고 있다.

그러나 안타깝게도 바쁜 현대인들에게 주방은 점점 낯설고 가까이 가고 싶지 않은 공간이 되어가고 있다. 그러나 한편으로는 넓고 깨끗하고 멋진 주방과 예쁜 식기들은 변함없는 동경의 대상이기도 하다. 요리도 하지 않는 사람들에게 주방이 동경이라니? 그것은 아마도 우리들의 깊은 무의식 속에 함께 먹는 즐거움을 기억하는 세포가 저장되어 있기 때문일 것이다.

언젠가 먹는다는 것이 살아가기 위한 생존의 수단일 뿐, 만약 먹지 않고도 살 수 있다면 안 먹고 싶다는 사람을 만난 적이 있다. 요리를 무엇보다 중요하게 생각하며 살아온 내게 그 말은 상당히 충격적이었다.

먹는 즐거움에는 좋은 사람과 함께 먹는다는 전제가 깔려 있다. 아무리 맛있는 것을 먹어도 혼자 먹는 것보다는 나눠 먹는 것이 훨씬 더 맛있다. 혼밥을 하는 사람들이 '먹방'을 틀어놓는 이유도 혼자 쓸쓸히 먹는 것이 싫기 때문일 것이다. 잘 먹지 않는 아이들도 친구들과 여럿이 같이 있으면 경쟁적으로 먹고, 좋아하는 사람들과 모여 앉아 음식을 나누는 시간만큼 행복한 순간도 없다. 그것이 음식을 나누는 즐거움이다.

음식은 좋은 인간관계를 유지하는 가장 쉬운 매개체 중의 하나다. 친구를 만나 떡볶이를 먹으면서 수다를 떨다 보면 스트레스가 날아가고, 서먹서먹 하던 관계도 밥을 먹으며 대화하다 보면 친해지기가 쉬워진다. 바쁜 일과를 마치고, 온 가족이 식탁에 둘러 앉아 도란도란 음식을 나누는 순간은 하루 중 가장 편안한 시간이다. 함께 요리하고 음식을 나누어 먹는 즐거움을 모른다면 그것은 단언컨대 어릴 때부터 교육이 잘못된 것이라고 생각한다.

사람들이 어떻게 그렇게 사업 수완이 좋으냐고 물을 때면 "어릴 때부터 요리를 한 덕분이 아닐까"라고 답한다. 나는 어릴 때부터 물, 밀가루, 오징어, 계란, 당근, 고기, 마늘, 감자, 말린 미역, 해파리 등 엄마를 도우며 온갖 재료를 다 만지며 컸다. 어릴 때 촉감을 자주 사용하면 창의력과 지능 개발에 좋다고 해서 요즘은 일부러 돈을 들여 요리 교육을 한다. 하지만 나는 엄마를 도우면서 남들은 돈을 주고도 못 배우는 것을 배울 수 있었다.

엄마가 집에 안 계신 날에는 동생과 도너츠를 튀기면서 같이 놀았다. 튀기는 것이 어렵지 않다는 것을 알고 있었기 때문이다. 반죽을 하고, 도너츠에 구멍을 뚫으면서 던킨도너츠의 먼치킨이 따로 만드는 것이 아니라 구멍을 뚫고 남는 반죽으로 만든다는 것을 알았고, 설탕을 접시에 깔고 도너츠를 묻히는 것

보다 비닐봉지에 넣고 흔들면 훨씬 더 잘 묻는다는 것도 깨달았다. 김밥 한번 말아볼까 하니 김밥이 말렸고, 지단을 해볼까 하니 지단이 완성됐다. 어느 날부터 우리 집 해파리냉채는 내 담당이 되기도 했다.

나는 더 나은 삶(better life)의 마지막은 주방이라고 믿는다. 패션도, 뷰티에 대한 관심도 언젠가는 시들해질 것이다. 결국은 좋아하는 사람들과 모여 대화하고 음식을 나누는 것이 즐거움의 종착지가 될 것이다. 가족과 친구, 이웃이 모여 화기애애하게 식사를 나누는 외국 문화만 봐도 알 수 있다. 문화가 다른 것이 아니라 우리도 그들처럼 될 것이다.

비즈니스도 마찬가지다. 이제 과거처럼 부어라 마셔라 하는 문화는 종말을 맞았다. 편안한 분위기에서 식사를 하며 서로의 신뢰를 쌓아갈 것이다. 아버지는 집으로 손님을 많이 초대하셨다. 좋은 음식과 서로 신뢰하는 가족, 그리고 화목한 분위기에서 안정적으로 사업을 하고 있다는 것을 몸소 보여주셨다. 외국에서도 비즈니스의 최종 단계는 집에서의 식사다.

이처럼 행복과 성공은 모두 주방에서 비롯된다고 믿는다. 그렇다고 주방 분위기가 하루아침에 만들어지는 것은 아니다. 가족이 같이 모여 식사하는 노력도 필요하다. 누구는 만들고, 누구는 치우는 것이 아니라 같이 요리하고, 같이 세팅하고, 같이 먹고, 같이 치우는 과정 속에서 상대를 배려하고 이해하며, 가치는 만들어진다.

프렙은 그런 행복한 삶을 돕는 브랜드다. 손질되어 있는 재료로 아이들의 창의성 개발을 돕고, 장 보는 불편함과 맛에 대한 불안을 제거함으로써 요리하는 즐거움을 느끼게 하고, 가족의 화목과 행복을 되찾도록 하는 것이 프렙의 진정한 가치다.

Better life.
더 나은 삶을 위해 주방이 온전히 제 역할을 할 수 있는 날을 기대해본다.

레시피를 팝니다

2018년 2월 1일 초판 1쇄 발행

지은이 | 이송희
펴낸이 | 이동은

편집 | 박현주

펴낸곳 | 버튼북스
출판등록 | 2015년 5월 28일(제2015-000040호)

주소 | 서울 서초구 방배중앙로25길 37
전화 | 02-6052-2144
팩스 | 02-6082-2144

ⓒ 이송희, 2018
ISBN 979-11-87320-16-6 13320